CH. BERNARDIN

Pont-à-Mousson
sous les Obus

JOURNAL DE LA VIE LOCALE
PENDANT LA GRANDE GUERRE

1er Fascicule

PRIX : 2 fr

IMPRIMERIE LORRAINE RIGOT & Cie
NANCY

CH. BERNARDIN

Pont-à-Mousson

sous les Obus

JOURNAL DE LA VIE LOCALE
PENDANT LA GRANDE GUERRE

Précédé d'un
APERÇU DESCRIPTIF ET HISTORIQUE
PAR
H. THIRIET

NANCY
IMPRIMERIE LORRAINE — RIGOT & Cⁱᵉ
51-53, RUE SAINT-GEORGES
1919

PRÉFACE

E n'est pas, comme on le pense bien, l'Histoire de la Guerre européenne que j'ai l'audace d'entreprendre; c'est un récit simple et sans prétentions des faits qui se sont passés dans la ville de Pont-à-Mousson depuis le jour de la Mobilisation, que je veux essayer de mettre sur pied.

Je n'ai pas d'autre but que celui de contribuer, dans la mesure de mes moyens, à combler le trou béant laissé dans l'Histoire de notre Cité par le défaut absolu de toute publication de journaux locaux pendant la période que je vais rapporter.

Déjà les souvenirs s'emmêlent, les précisions se troublent; encore quelques mois et ce travail offrirait des difficultés capables de faire hésiter les plus audacieux. Je me dévoue donc pendant qu'il en est temps encore, ne demandant en échange du labeur pénible qui m'attend que l'indulgence de mes lecteurs, indulgence basée sur ce que ce livre — sans prétentions je le répète — sera avant tout une œuvre de bonne foi, à l'élaboration de laquelle présidera sans cesse l'unique souci d'être d'une scrupuleuse exactitude.

Pour cela je ne chercherai à faire plaisir à personne, pas plus qu'à être désagréable à qui que ce soit; aussi serai-je très sobre de louanges, et ne ferai-je suivre aucun nom propre des qualificatifs que l'on a coutume d'employer lorsqu'il s'agit d'amis que l'on aime ou de personnes que l'on admire : les faits parleront par eux-mêmes, et si je crois devoir donner de temps à autre quelques pseudonymes typiques sous lesquels je désignerai quelques Mussipontains faisant l'opinion publique dans la rue, ça ne sera pas par pure fantaisie, mais bien comme je viens *de le dire — pour n'être agréable ou désagréable à qui que ce soit. D'ailleurs, les personnes que j'affublerai de ces pseudonymes, existant réellement, en chair et en os, tout le monde les reconnaîtra facilement, sauf elles-mêmes, bien entendu.*

Bref, pour la rédaction de cet ouvrage ingrat en ce sens qu'il sera forcément monotone par de continuelles répétitions (je n'y puis rien), je procéderai exactement comme je le fais lorsque je siège dans mon prétoire : je laisserai de côté toutes mes idées personnelles, ferai abstraction de toutes mes préférences et ne tiendrai aucun compte de l'opinion publique. J'exposerai les faits dans toute leur simplicité, j'appellerai à la barre tous ceux qui ont joué un rôle quelconque dans le cours des événements qui se sont déroulés, ainsi que tous les témoins dignes de foi; je les interrogerai avec le plus grand soin, et, après avoir confronté et passé au crible de l'exactitude leurs dépositions, je ne transcrirai ici que ce qui me paraîtra être la vérité, toute la vérité, rien que la vérité.

CH. BERNARDIN.

Mai 1915.

NOTE DES ÉDITEURS

L'Auteur ne nous permettrait point d'autre présentation de son travail. Pourtant, il nous a paru que, dans sa brièveté, cette préface risquerait — n'était connue la modestie de l'écrivain — d'inquiéter le lecteur sur la monotonie d'une relation aussi étendue. Le coloris de certaines descriptions, le tragique de nombreux épisodes, l'insoupçonnée documentation qui se révèle presqu'à chaque page nous autorisent à le rassurer. Chaque fascicule sera... attendu.

Cet ouvrage étant appelé à une très grande diffusion, il nous a semblé indispensable — pour l'édification des lecteurs ignorant la Lorraine — de le faire précéder d'un aperçu descriptif et historique dû à la plume hardie de M. H. THIRIET et illustré par l'artiste V. GUILLAUME. Les illustrations, vues et planches hors-texte du travail même de M. BERNARDIN sont dues au savant amateur E. MARQUIGNY.

RIGOT ET Cⁱᵉ

INTRODUCTION

APERÇU DESCRIPTIF ET HISTORIQUE
DE LA VILLE DE PONT-A-MOUSSON

Nous allons à l'amour, au bien, à l'harmonie.
. . . .
. . . .
Nous chasserons la guerre et le meurtre à coups d'aile ;
Et cette frémissante et candide hirondelle
        Qui vole vers l'éternité,
L'espérance, adoptant notre maison amie,
Viendra faire son nid dans la gueule endormie
        Du vieux monstre Fatalité.

Les peuples trouveront de nouveaux équilibres ;
Oui, l'aube naît, demain les âmes seront libres ;
        Le jour est fait par le volcan ;
L'homme illuminera l'ombre qui l'environne :
Et l'on verra, changeant l'esclavage en couronne,
        Des fleurons sortir du carcan.

(*La Légende des Siècles*).

Victor Hugo.

Aperçu
descriptif et historique
de la Ville de Pont-à-Mousson

UNE RÉPUTATION MAL FONDÉE

ONT-A-MOUSSON est une de ces petites villes qui partagent avec Landerneau, Quimper-Corentin ou Brives-la-Gaillarde, le bizarre privilège de provoquer la plaisanterie. Il suffit de prononcer l'un de ces noms pour faire éclore immédiatement sur tous les visages un sourire mi-moqueur, mi-dédaigneux, comme s'ils étaient inséparables d'une idée de ridicule universellement avéré. En quoi consiste ce ridicule, personne ne saurait le préciser. Il ne faut voir là qu'une tradition, une de ces habitudes immémoriales qui dispensent de réfléchir, et qu'on s'étonne de trouver d'autant plus tenaces qu'elles sont moins fondées.

On aurait tort, sans doute, de juger trop sévèrement cette manifestation d'un petit travers de l'esprit français, qui nous porte à rire ainsi, sans approfondir autrement, aux saillies faciles à propos de tout, de rien, et de nous-mêmes. Il reste entendu que cette légèreté, plus apparente que réelle, ne prouve nullement une infériorité dont nous ayons à rougir; et, quoi qu'on affecte d'en penser, elle n'a rien à envier à tel esprit étranger dont la morgue puritaine s'offusque devant ses manifestations, faute de les bien comprendre.

Il y a pourtant des cas où un certain genre d'ironie peut paraître choquant et déplacé. Les Mussipontains se souviennent toujours avec quelque rancune, de cette phrase de Victor Hugo, dans les *Misérables* : « Il y a dans toutes les petites villes une classe de jeunes gens... qui ont un peu de terre, un peu de sottise et un peu d'esprit, qui seraient des rustres dans un salon et se croient des gentilshommes au cabaret... exagèrent les modes, méprisent les femmes, copiant Londres à travers Paris et Paris à travers Pont-à-Mousson, vieillissent hébétés, ne travaillent pas, ne servent à rien et ne nuisent pas à grand'-chose. »

Bien entendu, il serait sot de voir dans ces quelques lignes autre chose qu'une définition générale, un portrait synthétique de toute une catégorie d'inutiles existant partout, ici ni plus ni moins que là. Mais cette désignation précise de Pont-à-Mousson, intervenant ainsi dans la phrase comme l'expression condensée de toutes les petitesses provinciales, ressemble trop à une plaisanterie un peu forcée, dans laquelle on peut voir, au surplus, une injustice gratuite., Que ce nom soit venu en quelque sorte de lui-même sous la plume d'un Victor Hugo, n'est-ce pas une preuve singulière de l'irréflexion avec laquelle chacun de nous, fût-il un génie, adopte certains vocables comme des symboles de la sottise et du ridicule humains ?

Moins crûment parfois, mais avec une persévérance un peu déconcertante, les humoristes ne se lassent pas de tirer un effet sûr de phrases dans lesquelles le nom de telle ou telle localité surgit inopinément avec un sens comique. Pourquoi, par exemple, les spirituels auteurs de : *A la manière de...*, MM. P. Reboux et Ch. Muller, n'ont-ils pu résister à la tentation de commencer l'exquis pastiche intitulé : *Le potager d'Iphigénie*, par ces mots : « Les environs de Pont-à-Mousson participent... etc. » ? Pourquoi Pont-à-Mousson plutôt que Charmes-sur-Moselle ? L'intention de raillerie est évidente, encore que très finement sous-entendue. A vrai dire, elle est à double effet, et vise surtout l'écrivain aux dépens de qui est faite cette charge littéraire. Il n'en demeure pas moins que c'est là un exemple après bien d'autres, de la singulière complaisance de gens d'esprit à l'égard d'une plaisanterie trop usée pour n'être pas infiniment plus pauvre que son objet.

⁎

Il faut le proclamer, entre toutes les villes qui fournissent aux plaisantins un sujet de brocards faciles autant que traditionnels, Pontà-Mousson est celle peut-être qui mérite le moins la réputation dont on l'a affublée. Quiconque l'a visitée lui trouve un grand charme, une élégance, et même, le mot n'est pas trop fort, une noblesse inattendue. Et où donc a-t-on vu que les habitants y soient plus ridicules qu'ailleurs? S'il est vrai que les mœurs, simples et sans pose, y gardent toute la saveur du terroir lorrain, cela lui donne une originalité de bon aloi, que pourraient sans doute lui envier beaucoup d'autres villes où l'usage persiste de s'en gausser.

L'étranger séjournant par hasard à Pont-à-Mousson ne peut, certes, que s'avouer agréablement surpris et conquis par sa grâce pittoresque. Mais en outre si, après avoir visité la ville et admiré le paysage où elle est heureusement située; si, ayant découvert là une véritable beauté, toute une harmonie, collines, vallée, ville, habitants, et constaté que rien n'est réel du grotesque auquel on s'était attendu; si alors on s'avise de connaître le passé de ce séduisant pays, ce n'est plus seulement un sentiment de plaisir, c'est un véritable respect qui s'impose.

Pont-à-Mousson, antique bourgade de pêcheurs au pied d'une forteresse romaine, puis place forte et ville universitaire, cité héroïque au milieu d'innombrables calamités, Pont-à-Mousson a été pendant de longues années le vrai centre intellectuel de la Lorraine...

LE PAYS

Le touriste qui se rend de Nancy à Metz, pour peu qu'il soit sensible aux beautés naturelles, ne tarde pas à être captivé par les aspects de la vallée mouvementée et verdoyante qu'il parcourt. Dès Frouard, c'est la Moselle, rivière déjà imposante, qui se développe en larges circuits à travers les prairies, effleurant des villages colorés, mi-industriels, mi-agricoles, assis au pied des coteaux couverts de vignes et de cultures, et couronnés de forêts. Passé Marbache, la vallée assez étroite jusque-là s'élargit, le paysage s'amplifie, se remplit de lumière, et acquiert peu à peu une sorte de majesté.

Rien de heurté, rien qui étonne ou qui détonne dans ce panorama aux horizons onduleux qui s'effacent à demi dans la brume, rien de brutalement grandiose; mais rien non plus d'étriqué ni de mesquin, aucune monotonie. L'heureuse disposition des perspectives, la ligne ferme sans dureté des mouvements du sol, la modération des accords de couleurs, tout dans le paysage mosellan se trouve être d'un si juste équilibre, que l'œil ravi s'y complaît comme ferait l'oreille à l'audition d'une belle symphonie. De cet ensemble résulte une sensation de douceur qui détend l'esprit et l'incite, sans l'amollir, à la bienveillance envers toutes choses. Ni les paysages montagnards, qui s'imposent violemment, ni l'étendue lumineuse mais un peu mélancolique des plaines hollandaises, ni même les fertiles coteaux alsaciens ou les masses de verdure de la Normandie, ne possèdent le charme sobre de ce site lorrain, où la force s'allie à la grâce pour une harmonie d'autant plus parfaite que la nature l'obtient par des moyens plus simples.

Tout ici respire la paix. Il semble que ce beau pays ne puisse avoir qu'une histoire heureuse, tant son aspect est exclusif de toute idée de violence. Mais si on y regarde d'un peu plus près, en constatant la présence dans la vallée d'une foule de vestiges des temps passés, il faut à regret abandonner cette douce illusion; car — l'histoire humaine étant, hélas ! faite surtout de luttes — ce sont des vestiges de constructions militaires. Nous trouvons, près de Dieulouard, l'île de Scarponne, siège d'un camp retranché à l'époque romaine. Toutes ces collines furent des postes plus ou moins fortifiés, on s'y entretua à diverses époques. Et, au premier tournant de la route, voici qu'au loin s'enlève en plein ciel la colline de Mousson, au sommet pointu, sur laquelle on distingue un petit village avec un clocher qui ressemble à un donjon. C'en est un, en effet. Comme nous le verrons tout à l'heure, Mousson marque l'emplacement d'une redoutable forteresse féodale qui fut pendant des siècles le chef-lieu du pays.

En bas, des fumées industrielles, de brusques scintillements dans un léger épaississement de brume, accusent la présence d'une ville; tandis qu'au delà vibre le mauve de plus en plus vaporeux d'autres collines, entre lesquelles s'enfonce et disparaît la rivière, dans un lointain de rêve. Puis, des détails se précisent. Derrière Mousson se démasque un autre piton un peu plus écarté de la vallée, qui est le Xon. A gauche, une brèche entre les coteaux se laisse deviner, par où s'insinue la route de Saint-Mihiel, dominée par le Bois-le-Prêtre et les hauteurs de Rieupt. Encore Blénod, et tout de suite après c'est Pont-à-Mousson, où nous allons nous arrêter.

La position géographique de cette ville se trouve très sensiblement sur une ligne droite allant de Toul à Metz, et un peu plus près de Metz que de Toul. Si l'on suit les vallées de la Meurthe et de la Moselle, qui se prolongent en une seule grande courbe de Nancy à Metz, on rencontre Pont-à-Mousson un peu à l'ouest du méridien commun des deux grandes cités lorraines, et à égale distance de chacune. C'est en quelque sorte le trait d'union entre les centres des deux fractions séparées de la Lorraine, celle qui fut annexée à l'Allemagne en 1871, et celle qui est demeurée française. La frontière n'est plus qu'à quelques kilomètres; et, presque dans l'axe de la vallée, on peut voir au loin le piton d'Arry, qui domine et menace Pagny à bout portant.

Au point de vue des communications, la ville est placée à un carrefour de voies terrestres particulièrement important. Outre les deux routes qui suivent la vallée dans la direction Nord-Sud, de part et d'autre de la Moselle, arrive transversalement la grande route de Saint-Dizier, venant de l'Ouest; et, la rivière franchie, deux autres continuent vers l'Est en contournant la côte de Mousson, se dirigeant l'une sur Saint-Avold et Forbach (par Lesménils), l'autre sur Nomeny et Château-Salins (par Atton). Etant donné que des voies ont dû se croiser là dès les temps les plus reculés, dans les deux sens Nord-Sud et Ouest-Est, on conçoit que cette position soit exceptionnellement favorable à l'emplacement d'une cité, et que tout naturellement les hommes soient venus s'y grouper de bonne heure, sous la protection du fort.

Cela explique que Pont-à-Mousson soit une vieille ville, qui a gardé presque partout, dans la disposition de ses rues comme dans le détail de ses édifices, le cachet des temps anciens. Pour cette raison, elle ne peut manquer d'exciter le plus vif intérêt. Bâtie sur les deux rives de la Moselle, elle forme à la vérité deux agglomérations et pour ainsi dire deux villes jumelles (sur la rive gauche on appelle la rive droite : « l'autre ville »), sans autre lien apparent que le pont monumental d'où elles tirent leur nom. Nous verrons plus loin que l'autre ville a été, au Moyen-Age, le point de départ du Pont-à-Mousson actuel.

Pour donner une idée de cet ensemble, nous ne saurions mieux faire que de citer le passage suivant, extrait d'une curieuse satire du XVIe siècle, où son auteur, Jean Barclay, met en cause sous des noms de convention les principaux personnages de l'époque. La ville de Pont-à-Mousson, qui était d'ailleurs la ville natale de Jean Barclay, y est désignée sous le nom de « Delphium » :

« J'avais dit adieu à Alexandrie (¹) pour me soustraire à la cruauté de Percas (²) et à la tyrannie de Callion (³). L'exercice m'avait endurci à la peine; et je promenai longtemps mon exil, à l'exemple d'Enée et d'Ulysse, chez différents peuples. Enfin, descendant des montagnes voisines, j'arrivai dans une ville d'aspect charmant; l'élégance des édifices et la beauté de la campagne m'invitèrent à y prendre un peu de repos. Une rivière, au lit assez profond, arrose la plaine qui s'étend entre les hauteurs. L'humidité, en pénétrant le sol de la vallée et le pied des collines, féconde la terre et la rend propre à toute espèce de culture. Le sommet des collines est couvert de riantes forêts qui donnent de l'ombre en été, et garantiront du froid en hiver. Au-dessous, des vignes; puis des jardins qui se continuent jusqu'à la plaine. Celle-ci, couverte de prairies et de moissons, relie entre eux d'innombrables villages qui ont presque l'aspect imposant des cités. Aux environs de la ville, se trouvent, d'un côté, les fertiles *maxouages*, et de l'autre, un terrain spacieux ouvert aux promeneurs, surtout au point où la rivière vient doucement rafraîchir l'air échauffé entre les montagnes. Les deux parties de la ville, bâties sur l'une et l'autre rive, sont reliées par un pont d'un travail assez remarquable. Les maisons ne se distinguent pas par une élévation orgueilleuse, mais par la solidité et l'élégance de la construction. Le nom de cette ville est Delphium. Elle renferme plus d'étrangers que de citoyens, à cause des connaissances qu'on y vient puiser; car nulle part ailleurs les études ne sont aussi brillantes, et la réputation des Acigniens (⁴) y entretient une jeunesse éternelle, destinée en quelque sorte à peupler l'univers. »

(¹) Bar-le-Duc.
(²) M. d'Arquien, Gouverneur de Metz.
(³) Charles III, Duc de Lorraine.
(⁴) Les Jésuites.

1916
P.л.M.

LA VILLE

Si maintenant le lecteur veut bien nous suivre, nous allons parcourir avec lui les deux villes sucessivement. Il n'y a à cela nul inconvénient, et même cette distinction est indiquée, car elles présentent des caractères assez différents au point de vue monumental, si l'unité d'esprit est actuellement complète entre les populations des deux rives.

Arrivant de Nancy par la route nationale bordée d'arbres magnifiques, nous tournons brusquement à droite, tout près de la gare, après avoir dépassé les vastes établissements de la Société des Hauts-Fourneaux et Fonderies de Pont-à-Mousson, dont nous dirons quelques mots tout à l'heure. Dirigeons-nous immédiatement vers la place Duroc, par la rue qui portait autrefois le nom de rue Notre-Dame, et qui s'appelle maintenant rue Victor-Hugo. Cette place est à proprement parler le cœur de la ville, car c'est d'elle que partent ses artères principales; et, aussi bien, c'est là que se trouve le foyer de son activité, le point de réunion indiqué aux jours de fête ou d'émotion populaire, le lieu par conséquent dont la vision nous donnera en gros l'idée première, la plus exacte, de la cité. Et puis, la place Duroc forme aussi un coin exquis d'archaïsme pittoresque et moyenâgeux, plein de noblesse dans son ensemble, plein d'intérêt dans ses mille détails originaux.

Au moment d'y déboucher, le premier coup d'œil jeté sur l'espace libre brusquement ouvert, nous montre un tableau du plus pur romantisme. C'est, en tout premier plan, une élégante tourelle d'angle de forme hexagonale, au toit pointu, portée par un puissant pilier, qui s'érige haute et droite contre la maison du coin; tandis que sous elle, l'irruption de la lumière par une large arcade au cintre surbaissé, l'allège en lui donnant quelque chose d'aérien. Au fond de la place nue et plane, une ligne de façades élevées sur d'autres arcades de même forme, barre l'horizon d'un mur au delà duquel aucun clocher ou édifice quelconque n'accroche le regard, comme si la ville finissait là. Enfin, comme fond de tableau, la colline de Mousson dominant le tout, se détache en silhouette sévère sur le ciel, avec ses ruines sombres et son donjon.

Vision qui reporte la pensée, avec une force singulière, aux temps féodaux où elle devait être presque toute pareille. En bas, rien n'est changé, sauf les détails imperceptibles qui ajoutent aux bâtisses une note moderne. Là-haut, sur la côte aux pentes raides, on reconstitue sans effort, par l'imagination, le castel imposant, repaire des anciens maîtres et protecteurs de la cité. Une apparition de chevaliers vêtus de fer, heaume en tête et lance au poing, ou bien de bourgeois et d'artisans allant à leurs affaires dans les costumes du Moyen-Age, étonnerait à peine au milieu de ce décor.

La place est un vaste terre-plein uni, qui affecte la forme insolite d'un triangle rectangle, dont l'un des côtés rectangulaires est parallèle à la Moselle, l'autre formant prolongement de la rue Victor-Hugo, par laquelle nous y accédons. L'hypoténuse est le prolongement d'une autre rue, de telle sorte que les voies principales semblent converger vers l'entrée de la rue du Pont, seul passage permettant de gagner l'autre ville.

Sur les trois côtés règnent les mêmes arcades en anse de panier, avec leurs piliers à parements extérieurs inclinés, quelques-uns à impostes, d'autres décorés de rosaces et de cannelures. L'ensemble donne l'impression d'une parfaite unité architecturale, bien que la plupart des maisons aient été restaurées à différentes époques; les plus anciennes sont du XVI° siècle seulement, tandis que les arcades flamandes qui les supportent, construites au XIII° siècle, sont restées à peu près telles qu'elles étaient.

Malgré certains disparates inévitables, on remarque encore plusieurs édifices anciens fort intéressants par l'élégance de leur construction et de leur décoration. Il faut citer surtout la célèbre maison connue sous le nom de Maison des Sept-Péchés-Capitaux, sur le côté occidental de la place. C'est la troisième à partir de l'angle de la rue Victor-Hugo. Son nom lui vient des sept cariatides qui semblent soutenir le bandeau marquant le deuxième étage, figures dans lesquelles on a voulu voir les représentations des péchés capitaux, en raison de leurs attitudes. La maison voisine est manifestement de la même époque, et sans doute aussi celle du coin, bien que la similitude des détails soit moins complète; en tous cas la tourelle d'angle qui l'orne est certainement la partie la plus ancienne de tout ce massif architectural, dont on sait d'ailleurs que ce fut jusqu'au XV° siècle un seul grand bâtiment, servant en partie de résidence aux officiers de la ville. Reconstruit au

XVI° siècle, en trois maisons distinctes, la plus grande (celle des Sept-Péchés-Capitaux) devint la résidence du duc de Guise, cardinal de Lorraine, sous le nom de Château-d'Amour.

Sur le côté Nord de la place, il existe encore également quelques motifs de décoration dans le goût de la Renaissance, qui équivalent à une date.

Vers le milieu de ce même côté s'élève l'Hôtel de Ville, monument plus moderne, mais d'une très belle ordonnance dans la symétrie parfaite de sa façade, avec les sept arcades en plein cintre de son porche, son grand balcon de pierre, et le fronton triangulaire orné de sculptures, qui domine l'ensemble. Ce monument a été bâti en 1787, sur l'emplacement de l'ancien Hôtel de Ville, détruit quelques années auparavant par un incendie. Pont-à-Mousson en est redevable, ainsi que de plusieurs autres embellissements dont nous parlerons, à M. Trouard de Riolle, maire royal, dont le nom est resté comme celui d'un homme de haute valeur et d'un véritable bienfaiteur de la cité. Nous pouvons ajouter qu'il fut aussi parmi les esprits les plus libres de son temps, car (détail ignoré, sans doute, de beaucoup de Mussipontains), il fut, en 1785, le fondateur et le premier président d'une Loge maçonnique qui a existé assez longtemps à Pont-à-Mousson, sous le titre distinctif : « Saint-Antoine-des-Amis-Réunis ».

Il y avait autrefois, à l'entrée de l'Hôtel de Ville, deux lions de pierre, qui ont été enlevés au milieu du siècle dernier, après que la place eut été nivelée et exhaussée.

L'intérieur est en harmonie avec la façade, par sa décoration comme par son ameublement.

Un vaste escalier de pierre monte jusqu'au 2° étage, muni d'une élégante rampe en fer forgé, au haut de laquelle on remarque un médaillon qui figure le soleil, avec, au centre, le hiérogramme hébreu יתרת . Au premier, le salon qui sert de cabinet du maire est décoré de quatre belles tapisseries représentant des épisodes de la vie d'Alexandre-le-Grand, et exécutées probablement par l'industrie locale d'après des tableaux de Le Brun. Sur la cheminée, un superbe buste en marbre blanc, attribué à Houdon, reproduit les traits de Trouard de Riolle. La grande table sculptée est, elle aussi, un véritable objet d'art, qu'aurait pu signer Boulle.

Au second, la Salle des délibérations (ancienne salle de la bibliothèque) est décorée également de quatre panneaux en tapisserie, encadrés de boiseries du XVIII° siècle très intelligemment restaurées. Ces tapisseries présentent plus d'éclat et des couleurs plus harmonieuses encore que les premières. Elles représentent, entre autres sujets mythologiques, le jugement du berger Pâris, pris comme arbitre par les trois déesses. A côté de cette salle, il faut noter enfin l'ancienne salle de la Justice de Paix, pour ses boiseries sculptées en plein bois, d'une finesse d'exécution et d'une variété de motifs vraiment hors de pair.

La place Duroc avait autrefois, en son milieu, une vieille fontaine monumentale, qui ne la déparait pas. Elle a été supprimée vers 1865. Les essais faits depuis pour rompre la nudité de ce grand espace vide ont été plutôt malheureux. On se souvient encore d'un déplorable kiosque qui y fut édifié naguère, et que la Municipalité dut faire disparaître, sur les protestations réitérées du public.

*
* *

Les rues principales de la ville (rive gauche), sont à peu près parallèles, dans le sens de la rivière, et aboutissent soit à la place, soit à la rue Victor-Hugo. Parcourons-les rapidement.

Tout à côté de l'Hôtel de Ville s'ouvre, vers le Nord, la rue Saint-Laurent, qui est l'origine de la route nationale de Pont-à-Mousson à Longwy. Nous allons y trouver, déjà, quelques-unes de ces curiosités architecturales dont la ville est remplie. Au numéro 9, voici la maison du lieutenant de conservateur des privilèges de l'Université, datant de 1615. Il y a dans la cour intérieure un très beau balcon de pierre sculptée, dont la balustrade figure une sorte de treillis précieusement ouvré et refouillé, de la plus rare élégance. Il est porté par sept corbeaux de pierre d'un galbe remarquable, aussi sculptés de motifs décoratifs qui retiennent l'attention par leur fini et leur variété.

La maison voisine, qui est le presbytère de la paroisse Saint-Laurent, avait été bâtie à la fin du XVI° siècle pour servir de résidence à un maître-échevin. On remarque surtout sa porte d'entrée et l'inscription en lettres d'or : *Virtus agitata crescit*, qui est gravée sur le fronton. Cette inscription, relativement récente, a une histoire que nous nous reprocherions de ne pas dire en quelques mots. Vers la fin du XVIII° siècle, la maison appartenait à M. Charvet, avocat général au Parlement de Nancy. Ce magistrat ayant eu le courage de protester contre un édit du ministre de Louis XV, Loménie de Brienne, qui menaçait l'indépendance de la magistrature lorraine, dut s'exiler à Pont-à-Mousson après la dissolution du Parlement. C'est alors qu'il fit placer sur sa porte la devise mélancolique et fière que nous venons d'y lire : « Le courage grandit dans l'épreuve ». Le lecteur sentira sans doute avec nous, par la suite, la valeur plus générale que Pont-à-Mousson pourrait lui attribuer, en la reprenant à son compte. N'est-ce point là, exprimée avec une éloquence singulière, toute l'âme ancienne et actuelle de la ville?...

En face de la maison Charvet se trouve l'église neuve Saint-Laurent, qui date de vingt ans à peine. Nous préférons n'en rien dire. Elle renferme toutefois un beau triptyque du XV° ou du XVI° siècle, qui provient de l'ancienne église des Claristes, ainsi qu'un vitrail assez remarquable, représentant le martyre de saint Laurent.

Il faut surtout mentionner, à quelques pas de là, la maison des Sœurs de la Doctrine Chrétienne, qui porte la date de 1590. Elle fut occupée autrefois par les conseillers de justice. La façade en est d'une parfaite unité de style, si l'ensemble en est peut-être un peu froid. Le portail d'entrée, à deux colonnes, avec entablement et fronton brisé, est d'une très grande noblesse de lignes. Les mêmes détails d'ornemen·tation se répètent, proportionnés, à toutes les baies, ce qui fait de cet immeuble un des plus parfaits spécimens de construction Renaissance que possède Pont-à-Mousson.

Un peu plus loin, au coin de la rue Raugraff, les deux maisons portant les numéros 48 et 50 sont peut-être les plus anciennes de la ville. Avec leurs poutrages de bois apparents, leur premier étage légèrement en surplomb sur des corbeaux sculptés, et leurs gargouilles de pierre, elles ont un cachet unique, qui fait songer aux plus originales vieilles demeures de l'Alsace. Puis, c'est la maison du n° 64, dont l'extérieur n'attire pas autrement l'attention, mais qui renferme, dans une cour intérieure, les vestiges d'un beau balcon de pierre avec balustrade en fer, et surtout un puits à superstructure ouvragée, ornée des armes parlantes conférées par le duc de Lorraine à son premier propriétaire, Claude Mengin, vers 1610.

Poursuivant notre chemin, nous arrivons enfin à un carrefour de rues appelé place Colombé, où se trouvent d'une part les casernes et d'autre part l'ancien hôpital, transformé en groupe scolaire. Sur cette place s'embranche la rue Fabvier, anciennement rue Militaire, qui n'offre guère à notre curiosité que des détails secondaires de décoration. Il y a existé autrefois une église, aujourd'hui disparue, sous le vocable de Sainte-Croix-en-Rupt, que nous retrouverons dans l'histoire des origines de la ville.

Rejoignons donc la rue parallèle appelée rue Pasteur, qui va nous ramener à la rue Victor-Hugo. Nous aurons ainsi l'occasion de voir en passant, au n° 30, un portail sculpté de style Louis XV, d'un goût très gracieux.

Nous n'entreprendrons pas une description détaillée des curiosités qui foisonnent dans la partie située au Sud de la place Duroc et de la rue Victor-Hugo. Il y faudrait un volume. A chaque pas, ce sont des

Les Arcades.

ornements de pierre, des encadrements de baies, des vestiges plus ou moins mutilés, qui rappellent éloquemment la belle époque d'art que fut la Renaissance. Les restes d'anciens couvents ou églises, si nombreux au XVI° siècle, y abondent. Beaucoup ont encore, malgré la décrépitude ou les transformations subies, des détails intéressants. Ce sont : l'église des Pénitents, dans la rue du même nom; le couvent de la Visitation, appelé actuellement couvent de la Nativité; le couvent des Minimes, rue Institut-Joseph-Magot; l'ancienne église Saint-Jean, au coin de la rue Magot et de la rue du Centre; rue Paisible, le couvent et l'église des Carmélites, dont l'extérieur, assez bien conservé, a encore grand air; le séminaire des chanoines réguliers de Saint-Augustin, qui occupait de grands terrains à l'extrémité de la rue des Boulevards, etc.

Il faut signaler, dans cette partie de la ville, deux maisons particulièrement remarquables. L'une, rue de l'Union, possède un balcon intérieur à la mauresque, sur lequel la pierre sculptée figure le nom de Richard. Elle porte la date de 1593. L'autre, au n° 2 de la rue de la Poterne, date aussi de la fin du XVI° siècle (1591). La porte est un pur joyau de style Renaissance, très bien conservé. Les vantaux en chêne sculpté s'harmonisent admirablement avec la décoration qui l'encadre. Cette maison passe pour avoir servi d'Hôtel de la Monnaie; on prétend aussi qu'elle fut un lieu de réunion pour les Templiers, qui possédaient un établissement et une chapelle à Mousson.

En différents endroits, on trouve encore nombre d'autres motifs de styles moins anciens, mais la plupart fort originaux et élégants. On peut dire qu'à ce point de vue le vieux Pont-à-Mousson est une mine de documents d'après lesquels il serait facile de reconstituer les aspects et les vieilles mœurs de cette noble cité. Pour ceux qui entendent l'éloquence de ces témoignages, c'est ici le cas de répéter avec le prophète hébreu, que « la pierre jette son cri ».

*
* *

Avant de passer sur la rive droite, il nous reste à voir les boulevards, qui encerclent la ville d'un véritable rideau de verdure.

De la place Thiers, faisant face à la rue Victor-Hugo, on voit s'ouvrir à droite et à gauche deux avenues plantées de magnifiques marronniers. Celle de gauche, le boulevard Ney, contourne la partie Nord en allant rejoindre la route nationale de Longwy, près de l'octroi. Elle est bordée de maisons modernes, assez espacées pour offrir de jolies échappées sur le coteau de Rieupt, parsemé de villas, et les lisières verdoyantes du Bois-le-Prêtre. Une rue continue le boulevard jusqu'au port de la Moselle canalisée, d'où l'on jouit de la plus magnifique vue d'ensemble sur la rive droite et la colline de Mousson.

L'autre promenade porte le nom de son créateur, M. Trouard de Riolle. Elle est établie sur une digue élevée autrefois pour protéger la ville contre les inondations, à quelque distance des anciens remparts, dont on remarque encore çà et là des vestiges couverts de lierre. Les arbres, aujourd'hui gigantesques, ont été plantés en 1795. Entre la gare et le boulevard se trouvent d'agréables bosquets, dont l'entrée est ornée de deux fines colonnes cannelées, surmontées de chapiteaux ioniques et de vases de fruits, qui proviennent des bâtiments de l'ancienne Université. Ces bosquets paraissent plus charmants encore lorsqu'on apprend que les habitants les désignent du nom de Jardin-d'Amour. A quelque distance, on voit à droite du boulevard de vastes terrains aménagés en parc public. Un petit affluent de la Moselle, l'Esche, forme là une île qui est le lieu de rendez-vous des Mussipontains, aux beaux jours de l'été, pour les fêtes et les jeux en plein air. C'est un lieu de délassement et d'agrément sans pareil.

Le boulevard de Riolle arrive enfin à une sorte de petit rond-point saillant et surélevé, qui domine la Moselle de quelques mètres, en face de l'île d'Esche. Cette terrasse, avec ses murs de soutènement en demi-cercle, est tout ce qui reste de l'antique tour de Prague, qui formait saillant sur les fortifications regardant la Lorraine, et qui a été rasée à la fin du XVII° siècle par les armées de Louis XIV. On y trouve une nouvelle et très belle vue sur la côte de Mousson et les vallonnements voisins, qui se prolongent jusqu'à Atton, les bois de Facq, et Sainte-Geneviève.

Si alors nous nous engageons dans un petit chemin latéral à la rivière, nous arrivons bientôt à la place du Paradis, sorte de lieu de halte pour les péniches, et qui est un des coins les plus pittoresques du vieux Pont-à-Mousson. On y voit (ou plutôt on y voyait, car la guerre a passé là), d'extraordinaires habitations en bois, portées sur encorbellements de charpente, et ainsi accolées, à hauteur d'étage, aux bâtisses surmontant la culée et toute la première arche du pont. Cette superposition de pauvres logis greffés sans régularité les uns sur les autres, comme des excroissances, rappelle vaguement certaines planches de Callot, et aussi les curieux et impressionnants dessins dont Victor Hugo illustra son voyage aux bords du Rhin.

Par une poterne et un escalier pratiqués dans les massives maçonneries de la culée, on regagne l'étroite rue qui conduit au pont. A quelques pas de là se trouvait autrefois le plus ancien monument de la rive gauche : l'église collégiale de Sainte-Croix-sur-le-Pont. La légende raconte qu'elle fut construite à la suite d'un vœu par le comte de Mousson, tout au commencement du XIII° siècle. Elle a complètement disparu aujourd'hui, à part une ogive qu'on peut encore voir sur l'ancienne face qui regarde la Moselle. Tout à côté, place Saint-Antoine, existe encore l'ancienne maison des Antonistes (religieux hospitaliers du Moyen-Age); mais elle n'offre plus guère qu'un intérêt rétrospectif, ayant été profondément transformée. On sait qu'à la fin du XVIII° siècle elle fut le siège du bailliage, de la Maîtrise des Eaux et Forêts, et de la Municipalité.

*
* *

Le Pont, qui va nous conduire maintenant à « l'autre ville », est assurément ce qu'il y a de plus ancien dans tout Pont-à-Mousson. C'est aussi, sans doute, le monument qui a subi le plus de transformations au cours des temps. S'il a ainsi perdu en pittoresque, il ne laisse pas cependant d'apparaître encore imposant et original, par sa grande hauteur au-dessus de la rivière et par les formes de ses huit arches dissemblables. Mais on peut l'imaginer tel qu'il devait être du XIVe au XVIIe siècle, avec un profil en dos-d'âne beaucoup plus accentué, ses deux tours aux entrées, et les constructions étranges qui le couvraient. Comme nous le verrons, c'était alors avant tout un ouvrage d'utilité militaire, et par conséquent fortifié. Les tours aux noms archaïques (*Erbain*, sur la rive gauche, *Mandeguerre*, sur la rive droite) n'ont disparu que sous le règne de Stanislas. Le pont, plusieurs fois détruit partiellement, s'est modernisé, son profil a été rectifié, et il a été élargi par des trottoirs à une époque récente; de sorte que rien, ou à peu près, ne lui reste de son aspect d'autrefois.

Au point culminant, qui correspond à la pile centrale, l'attention est attirée par deux petits monuments qui s'élèvent au-dessus des parapets de pierre et dominent de haut la rivière, non sans majesté. On dirait, à distance, deux sentinelles immobiles et surveillant le passage; l'idée vient ensuite de quelque personnification symbolique des deux rives, unies par le génie constructeur de l'homme; de près, il n'y a plus qu'une croix de pierre sur le parapet d'amont, et une statue de la Vierge sur celui d'aval. La statue a remplacé une pyramide élevée vers 1740 sur le même socle, pour commémorer l'amélioration du passage par la suppression des tours et l'élargissement de la rue du Pont. Une plaque de marbre, avec une inscription explicative en latin, était incrustée sur ce socle. Elle a été brisée au temps de la Révolution.

La croix du parapet amont, enlevée également, fut rétablie en 1814; à sa base, une sorte de médaillon sculpté rappelle cette restauration par l'inscription gravée sur une banderole et encore très lisible : « L'Année de la Paix ».

Mais de quelque intérêt que soient, pour le passant, ces vieilles pierres, il lui est impossible d'y fixer longtemps son attention, car le paysage sollicite irrésistiblement ses regards et sa pensée tout entière.

C'est, à l'amont, le cours majestueux de la Moselle, décrivant d'immenses courbes entre les collines, les verdures de l'île d'Esche et du boulevard de Riolle à droite, celles des pentes de Mousson à gauche; à l'aval, la rivière élargie en fleuve, dont le vaste scintillement s'étend au loin vers les frondaisons du Haut-de-Rieupt et les toits rouges de Norroy incendiés de lumière; tandis que tout près se reflètent les tours de l'antique abbaye de Sainte-Marie-Majeure, les bâtiments du Collège, les péniches colorées qui descendent lentement et s'éloignent le long de la rive gauche. Spectacle d'une vie intense mais calme, où l'œuvre de l'homme s'allie harmonieusement à celle de la Nature, pour un ensemble de beauté !

**

Mais poursuivons notre chemin, car il nous faut encore voir « l'Autre Ville ». Là, tout près, presque au bout du pont, les deux tours grises de Saint-Martin se dressent comme pour attendre le voyageur au passage et l'inviter à s'arrêter. N'hésitons pas à déférer à cette invitation. Aussi bien, dès notre premier pas sur la rive droite, nous trouvons-nous en présence du plus beau et du plus complet morceau d'architecture dont puisse s'enorgueillir Pont-à-Mousson.

L'église Saint-Martin n'est autre que l'ancienne chapelle de l'Université, dont nous ferons plus loin l'historique. Cependant, elle est beaucoup plus vieille que l'Université elle-même, ainsi qu'on s'en assure au premier coup d'œil; car elle relève entièrement de l'art gothique, ce qui la fait remonter au XV° siècle au moins.

A vrai dire, on ne saurait guère lui attribuer un âge précis. Certains indices prouvent qu'un temps relativement considérable dut s'écouler entre la construction de ses différentes parties; et, bien que des documents écrits semblent indiquer que la nef et l'abside furent terminées vers le premier tiers du XIV° siècle, nombre de détails appartenant manifestement à la troisième période de l'art ogival ne peuvent remonter plus loin que les dernières années de ce siècle. Par exemple, la continuité des piliers avec les nervures des voûtes, sans le moindre chapiteau, est caractéristiques du XV° siècle plutôt que du XIV°. Il est d'ailleurs présumable que la corporation maçonnique qui avait terminé la cathédrale

L'Eglise Saint-Martin.

de Metz a dû travailler ensuite à l'église Saint-Martin de Pont-
à-Mousson, au moins pour en concevoir et en exécuter l'ordonnance
générale, sinon le plan primitif. Or, la cathédrale de Metz ne fut
achevée que peu avant l'an 1400.

Enfin, les sculptures extérieures sont sûrement de la deuxième moitié du XV° siècle. Dom Calmet signale à ce sujet une note curieuse de
l'an 1460, ordonnant à deux sculpteurs qui travaillaient au clocher de
Pont-à-Mousson d'entreprendre l'ouvrage du portail de l'église de
Toul. La ressemblance frappante entre ce portail et celui de Saint-
Martin ne peut que faire considérer ces deux œuvres comme contem-
poraines.

Quoi qu'il en soit, et bien que l'unité parfaite lui fasse défaut
(comme du reste à presque tous les monuments de cette époque), l'église
Saint-Martin n'en est pas moins un remarquable spécimen de l'art
gothique à son déclin. Deux tours carrées, se détachant nettement du
corps de l'église, s'élèvent à 45 mètres de hauteur, flanquées à leur
partie supérieure, qui est octogone, de clochetons dentelés du plus bel
effet. De hautes fenêtres à meneaux et à frontons élancés éclairent
l'intérieur des clochers, décorés de frises sculptées et surmontés de
pinacles entre lesquels court une balustrade en dentelle de pierre. Ces
deux tours sont d'ailleurs différentes dans leur ornementation, bien que
d'aspect identique au premier coup d'œil; on sait, en effet, que deux
tours parfaitements jumelles sont la caractéristique exclusive des cathé-
drales archiépiscopales.

Entre les tours, mais en retrait, s'ouvre le portail unique, sculpté,
avec quelque sobriété, de figures symboliques, et surmonté d'un haut
fronton à rampants courbes avec crochets en forme de feuilles de chou
frisé. De chaque côté, deux colonnes richement ciselées et refouillées
de niches s'élèvent jusqu'à une galerie placée immédiatement au-dessous
de la rose. La balustrade de pierre à jour de cette galerie recoupe le
fronton du portail, de manière assez heureuse. La rose est superbe,
placée au sommet de la grande verrière ogivale qui tient toute la largeur
de la façade. Enfin, au-dessus d'une fort belle corniche finement
travaillée, la façade s'achève en triangle, avec crochets et pinacle du
même goût que ceux du portail.

Sans pouvoir être comparé aux grands chefs-d'œuvre gothiques,
l'aspect général de l'édifice produit une impression de beauté qui

s'accentue encore, lorsqu'on observe l'ordonnance minutieuse de ses diverses parties et de ses détails ornementaux, qui s'équilibrent sans se nuire pour concourir à l'harmonie de l'ensemble.

Les tours étaient autrefois surmontées de flèches en bois, qui furent supprimées en 1792, à cause des dangers d'incendie par la foudre.

Comme toutes les églises gothiques, celle-ci est munie de contreforts extérieurs, nécessaires à la stabilité de ses voûtes. On y remarque aussi des gargouilles sculptées en forme d'animaux chimériques très variés. Il y eut autrefois, attenant à l'église et communiquant avec elle, un cloître dont parlent les annales de l'Université, mais dont il ne reste rien aujourd'hui qu'une porte murée. Plusieurs chapelles accolées aux nefs collatérales ont été construites au XVII° siècle par les Jésuites; certaines sculptures extérieures de ces chapelles sont même, visiblement, tout à fait modernes.

L'intérieur de l'église renferme, dans une de ces chapelles, un groupe sculpté représentant la mise au tombeau, qui est assez expressif. On y trouve en outre nombre de tableaux et de sculptures, mais tous ayant subi des restaurations ou des retouches plutôt regrettables, de sorte que l'on y chercherait en vain une œuvre tout à fait originale. Un tableau de l'école italienne, malheureusement retouché aussi, en est peut-être la plus belle pièce. La chaire en bois sculpté est intéressante, de même que les confessionnaux et les boiseries des orgues. Quant aux vitraux, on est déçu de les trouver sans éclat et de dessin quelconque, là où on pouvait s'attendre à voir les légendes symboliques de l'Ancien Testament, représentées ingénument, mais avec un art consommé des couleurs vives harmonieusement juxtaposées. Il est très probable que les anciennes verrières ont été détruites, et ce n'est pas une des moindres pertes de cette église, qui dut être si riche de belles œuvres, cadrant avec sa valeur architecturale et avec son importance politique.

Dans cette ancienne église des Antonistes, en effet, se sont accompli des événements historiques notables. Des traités de paix y ont été signés entre l'évêque de Metz et les ducs de Bar et de Lorraine. Le Chapitre de la cathédrale de Metz y élut résidence pour un temps, au XV° siècle. On peut donc penser que le lieu choisi pour de tels actes solennels devait être d'une magnificence en rapport avec sa destination. Mais l'engouement des Jésuites pour des innovations d'un goût souvent douteux, puis les troubles de la Révolution, ont causé là un irréparable dommage.

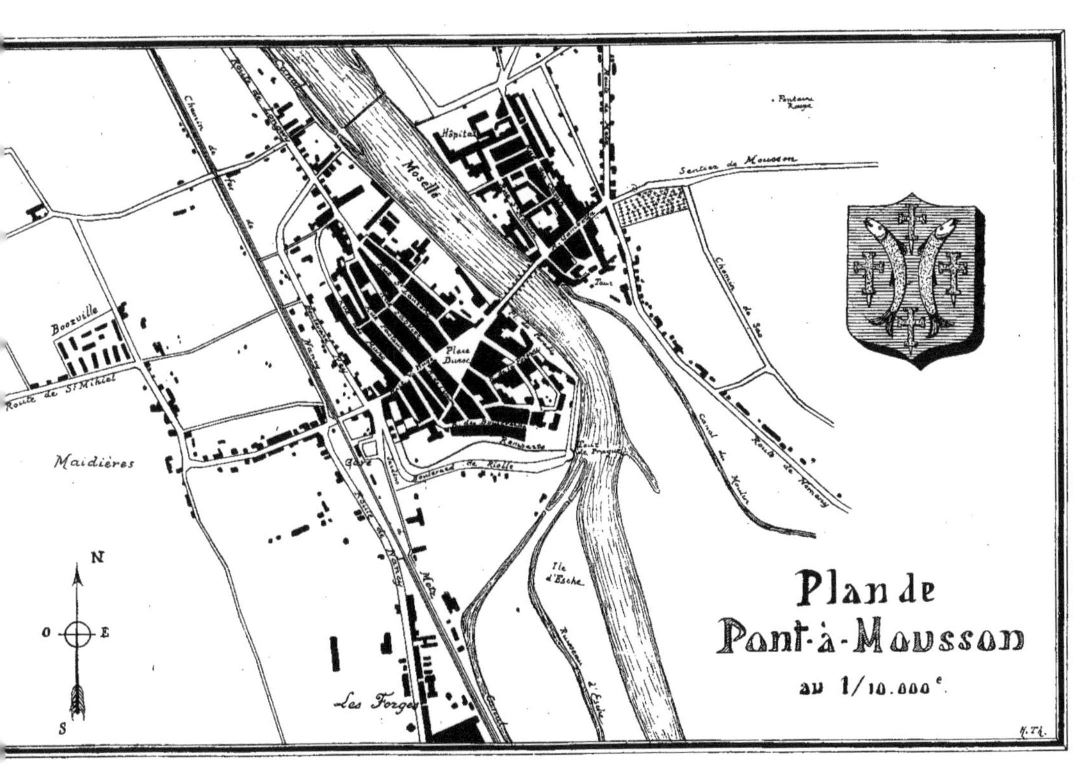

Fontaine Rouge
Sentier de Mousson
Hôpital
Moselle
Tour
Chemin de fer
Canal du Moulin
Route de Nomeny
Boozville
Route de St Mihiel
Place Duroc
Remparts
Le Pont
Maidières
gare
Boulevard de Riette
Ile d'Esche
Les Forges
Plan de
Pont-à-Mousson
au 1/10.000ᵉ
N
O E
S

***

En face de l'église Saint-Martin s'ouvre le vieux collège, installé dans la partie conservée des bâtiments de l'Université. L'entrée en était ornée autrefois de deux colonnes que nous avons vues près de la gare, au Jardin-d'Amour.

Ce qu'il y a d'unique dans ces bâtiments patinés par le temps, c'est la cour intérieure, dont les quatre faces sont restées telles qu'elles étaient au commencement du XVII° siècle, ainsi qu'en font foi plusieurs inscriptions latines sur des tables de marbre noir placées au-dessus des portes. L'ensemble, d'une parfaite unité, appartient au style le plus pur de la Renaissance. Tous les détails en sont bien conservés, aucune retouche ne paraît y avoir été faite; de sorte qu'en se trouvant brusquement placé dans ce cadre de l'ancienne vie universitaire, on éprouve une sensation singulière de suppression du temps. N'était la vétusté notoire de ces vieilles pierres, on se croirait réellement à l'époque des philosophes en robe et des escholiers, dont elles gardent gravement le souvenir. Ne vont-ils pas sortir en théories, par ces portes à colonnes et à frontons?...

Ce vénérable vestige d'une grande Université, aujourd'hui le plus modeste des collèges municipaux, n'est-il pas l'attestation éloquente d'une gloire haute et pure, dont la ville peut être cent fois plus fière que des tumultes guerriers dont quelques pans de murs en ruines ont conservé le triste souvenir?

Puisque nous sommes sur l'emplacement de l'Université mussipontaine, visitons tout de suite l'ancien séminaire, qui lui fut rattaché assez étroitement autrefois, et qui est devenu depuis une dizaine d'années l'Hôpital civil.

. Au bout de la rue Saint-Martin, nous trouvons l'entrée de cette belle abbaye construite par les Prémontrés en 1609, sous le vocable de Sainte-Marie-Majeure. Il est vrai de dire que les bâtiments primitifs, remaniés et embellis au commencement du XVIII° siècle, puis incendiés en 1771, et rétablis tels qu'ils sont encore actuellement, ne sauraient présenter la pureté de style que nous avons admirée ailleurs. Néanmoins, ce vaste établissement, admirablement situé sur les bords de la Moselle, avec son église à deux tours qui s'y reflètent, et ses riches dépendances, offre le plus grand intérêt.

Sur la rue Saint-Martin, voici la façade postérieure de l'église. Elle ne manque pas de grandeur. Mais nous sommes loin de la puissante majesté du gothique ou de l'élégance de la Renaissance. On ne sait pourquoi, cette façade fait songer aux édifices instables que les enfants élèvent avec de petits prismes en bois, à l'imitation d'une image collée sur la boîte. Cette superposition de frontons triangulaires et de frontons en segments de cercles, cet échafaudage de fausses colonnes en saillie sur les murs, ces chapiteaux composites et ces corniches compliquées, ces consoles étirées, ces pyramides surmontées d'une boule, qui ne répondent à rien, et la fade symétrie de l'ensemble, tout cela relève, avec une évidence criante, de ce style équivoque et sans caractère qu'on a appelé le style jésuitique. C'est prétentieux, faussement somptueux, et mesquin au fond, comme une conception de parvenu; et l'on ne peut s'empêcher de sourire en pensant que cette façade, dont l'auteur dut être fier, pourrait tout aussi bien convenir à une gare ou à un marché couvert.

Les tours qui regardent la Moselle plaisent davantage, à cause de leur simplicité et de leurs agréables proportions.

Mais ce n'est que dans l'intérieur des bâtiments que l'on découvre leur véritable richesse artistique. Tout l'effort d'art des architectes s'y est donné carrière, et de la manière la plus heureuse, il faut le dire; tandis que, du dehors, leur aspect est parfaitement quelconque. Il faut mentionner d'abord deux remarquables escaliers de pierre, dont l'un surtout, dans une vaste cage ovale, est une merveille de proportions et de mouvement. On y accède par une salle de cloître voûtée d'arcatures en plein cintre, sobrement décorées. Le limon, sculpté de rosaces, est soutenu à son départ par une cariatide représentant Samson, laquelle donne en même temps une certaine solennité à l'espace formant dégagement, concurremment avec une étoile à douze branches figurée au centre du carrelage. Une rampe de fer forgé et doré, du plus ravissant effet décoratif, chef-d'œuvre de la

Le grand escalier.

ferronnerie du XVIIIe siècle, épouse la courbe harmonieuse du limon, et s'élève avec lui d'un mouvement continu jusqu'au dernier étage. La face inférieure hélicoïdale de l'escalier est décorée de caissons et de fleurons du meilleur goût. Les murs nus, d'un blanc éblouissant, font ressortir encore la somptuosité de ce magnifique morceau d'architecture intérieure.

Le grand escalier carré, plus simple, est en plusieurs volées séparées par des galeries suspendues, avec pendentifs aux limons, ce qui lui donne un caractère différent, et toutefois très noble. Sa rampe en fer forgé est également moins ouvragée que celle de l'escalier ovale.

Il y a plusieurs salles fort belles, notamment le parloir et le réfectoire, dont les plafonds en voûtes d'arête avec nervures décorées, portés sur des consoles sculptées à pendentifs, sont la perfection du genre. A remarquer, la porte du réfectoire, à colonnes et corniche sculptée rehaussée d'un fronton arrondi qui encadre le blason des Prémontrés. Egalement, dans le parloir, une cheminée Louis XV avec panneau sculpté extrêmement gracieux.

Notons encore la petite chapelle, lumineuse salle toute blanche dont les voûtes croisées, portées sur des piliers et décorées de jolis motifs Louis XV, sont du plus bel effet perspectif.

Mais la merveille de l'ancien séminaire est la salle de la bibliothèque. C'est une magnifique galerie, éclairée par des baies aux profondes embrasures, entre lesquelles sont les rayons portant une innombrable collection de livres précieux. Un balcon court tout autour, sous les corniches du plafond, donnant accès à un deuxième étage de rayons placés entre des ouvertures qui achèvent d'inonder la salle de lumière. Ce balcon a une balustrade en fer forgé, de toute beauté. En dessous, le pourtour de la salle est entièrement boisé de vieux chêne sculpté, mouluré, décoré de motifs en relief, ce qui lui donne un aspect de richesse incomparable. Le plafond est aussi splendidement ornementé. Le tout, de proportions parfaites, constitue l'un des plus beaux ensembles qu'ait produits l'art décoratif du XVIIIe siècle.

Il n'est pas jusqu'au parquet lui-même qui ne vienne ajouter à l'effet, par la richesse de ses combinaisons. Tout à l'entrée, il figure une grande étoile. Est-ce un symbole? Rien n'est plus probable. Car d'autre part, en face de la porte, dans une niche ornée de l'antichambre, on remarque une assez belle statue de Moïse portant, non les Tables connues, mais un grand Livre ouvert. L'intention est visible.

Toutes les séductions d'un art à la fois somptueux et sobre s'unissent ici, dans ce temple lumineux du silence et de la pensée, pour donner, aux esprits avides de réalisations harmoniques, le plus rare sentiment de plénitude. Entre le cadre matériel et ce qui s'y évoque, l'accord est mesuré avec une telle perfection de goût, qu'on s'y abandonnerait volontiers à une contemplation sans fin. Quel décor pour le recueillement voluptueux et fécond d'un artiste ou d'un écrivain !

Aux richesses de l'ancienne bibliothèque du séminaire, sont venues s'ajouter celles de la bibliothèque municipale. Il y a là des exemplaires inestimables. Le joyau le plus précieux de cette collection est un livre d'heures manuscrit, du XV° siècle, tout en parchemin, décoré et enluminé avec un art inouï, qui a appartenu à Philippe de Gueldres, veuve du duc René II, et supérieure du monastère des Claristes.

On pourrait découvrir encore, dans les bâtiments de l'Hôpital, quantité de détails dignes d'attention. Mais nous ne saurions entrer dans leur description complète, ce qui nous entraînerait trop loin. Disons en passant, qu'au moment où nous écrivons ces lignes, plusieurs des belles œuvres dont nous venons de parler ont subi des atteintes graves, qui en font redouter d'autres plus irréparables encore. Le plafond de la bibliothèque est crevé par l'explosion d'un obus !... Tout ce qu'il y a là de pensée accumulée, de rêves traduits par la plume ou par le ciseau, tous ces nobles témoignages de l'effort des générations vers le savoir et l'harmonie, servent donc de cible à cet instrument de civilisation supérieure qu'on appelle un canon ! Et c'est pour cela, on n'en saurait douter, que d'éminents « penseurs » attribuent à la Guerre la plus haute vertu moralisatrice !...

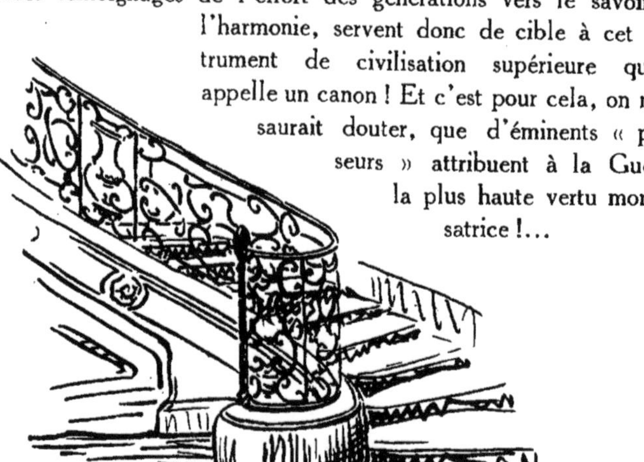

* *

Le quartier qui comprend l'Hôpital, le Collège et l'église Saint-Martin, est aujourd'hui profondément dissemblable de ce qu'il était au XVII° siècle, au temps de l'Université. Il n'y a guère que le collège et l'église qui aient gardé leur physionomie d'autrefois; le reste a été à peu près entièrement reconstruit, surtout depuis la Révolution, époque à laquelle fut percée la rue Saint-Martin. Tout ce que nous pourrions dire encore sur ce quartier serait purement historique.

Remontons donc maintenant la rue Saint-Martin jusqu'à l'ancienne rue des Frontières, actuellement rue Gambetta, qui est dans le prolongement du pont. A part les sculptures de Lemud qui décorent un portail latéral de l'église, cette rue est quelconque. Mais à droite se trouve un vieux quartier intéressant, qu'on peut considérer comme le noyau probable du Pont-à-Mousson du XIII° siècle. La tortueuse rue des Trois-Tours est assez curieuse; on y voit encore, mêlés aux murs des maisons, quelques vestiges des anciennes fortifications, et, çà et là, des traces d'ornementation le plus souvent mutilée ou aux trois quarts effacée. Cette rue conduit à une propriété dans laquelle on peut visiter ce qui reste de la Tour des Carmes, au bord du canal du moulin. Ce n'est plus qu'une masse informe de maçonnerie de 2 ou 3 mètres de hauteur, entièrement couverte d'un lierre épais. Une ancienne poterne donne accès à une cave ronde dont la voûte en calotte sphérique, vieille peut-être de cinq cents ans, a gardé un aspect de solidité extraordinaire, bien que les pierres en soient ajustées suivant un appareil des plus primitifs et toutes déchaussées.

Il devait y avoir deux autres tours dans le voisinage, pour justifier le nom de la rue; mais il n'en reste aucune trace.

Une vieille rue transversale, la rue des Carmes, nous ramène à la rue Gambetta, que nous pouvons remonter jusqu'à un carrefour près du cimetière, d'où partent plusieurs voies : la rue de Scarponne et la route de Metz vers le Nord, le sentier de Mousson vers l'Est, et la route de Nomeny vers le Sud. L'avenue de Metz, qui forme un faubourg assez étendu de la ville, tout à fait moderne, ne présente rien de particulier. Redescendons alors jusqu'à la rue du Camp, qui a été autrefois l'origine de la route de Metz et la voie principale de la ville de rive droite.

Il y a ici, comme dans la vieille ville de l'autre rive, des documents de pierre fort curieux. Citons, au n° 24, une maison de style Renaissance, et au n° 21 *bis*, une maison qui porte la date de 1591, et que l'on présume avoir été celle d'un imprimeur et graveur renommé de ce temps, Jean Appier, dit Hanzelet. « C'était un esprit fort inventif, dit de lui Dom Calmet, et un habile ouvrier dans différents genres. Il a fait de belles découvertes dans les machines de guerre et dans les feux d'artifice. » Un livre de lui sur la science pyrotechnique, très artistiquement illustré, est à la bibliothèque municipale. Dans cet ouvrage, qui parut en 1630, on trouve des conceptions étonnantes pour ce temps, telles que celle des armes se chargeant par la culasse et même des armes à répétition du genre revolver, ou encore d'une sorte de mitrailleuse à plusieurs canons, qu'il dénommait jeu d'orgues.

Pour en revenir à la susdite maison, ce qui fait supposer qu'elle a dû être celle de Hanzelet, c'est sa forme originale, certains détails intérieurs, et surtout un petit canon sculpté au-dessus d'une grande fenêtre centrale. La façade est, au surplus, décorée avec goût.

Il n'y a pas d'ailleurs que des détails curieux à voir, dans ce quartier. Certaines vieilles maisons basses, certaines combinaisons imprévues de formes et de perspectives, auxquelles concourent même des immeubles modernes, donnent à quelques coins un aspect d'ensemble extrêmement pittoresque.

La rue du Camp, avons-nous dit, conduit à la sortie de la ville vers Metz. A son extrémité, en effet, existait autrefois une porte appelée Porte de Trey, du nom d'un village aujourd'hui disparu, sur la rive droite de la Moselle. Il y a peu d'années, on pouvait encore voir la trace du pont-levis de cette porte. Quant aux murs d'enceinte, il en reste une notable partie, naturellement en ruines, sur le côté Est, dans les terrains compris entre la rue de Scarponne et la rue du Camp.

Donnons enfin, à titre de curiosité, l'explication probable du nom de cette rue du Camp, qui fut autrefois la grande rue Saint-Martin.

Au temps de la première République, l'armée de Dumouriez campa un jour dans les terrains voisins de la porte de Trey. Louis-Philippe d'Orléans (le fils de Philippe-Egalité), en faisait partie. Beaucoup plus tard, en 1831, le roi Louis-Philippe étant passé à Pont-à-Mousson, se plut à rappeler cet incident de sa jeunesse; et c'est sans doute pour fixer le souvenir de cette visite et du plaisir que le roi avait paru éprouver à évoquer ses premières armes, que l'on décida de donner à la rue le nom qu'elle porte encore aujourd'hui.

MOUSSON

Il convient, pensons-nous, de compléter cette visite de Pont-à-Mousson par une rapide excursion à Mousson, qui en est inséparable au point de vue historique, et d'où nous aurons une vue d'ensemble sur la ville et ses environs.

Le sentier qui monte en pente rapide à côté du cimetière nous y conduira tout droit en peu de temps, à travers les vignes qui couvrent le coteau. Nous laisserons à gauche un autre sentier qui conduit à une fontaine autrefois célèbre par la vertu de ses eaux ferrugineuses, la Fontaine-Rouge. Au XVII° siècle, la vogue en était si grande que les malades venaient en foule à Pont-à-Mousson pour y chercher la guérison.

Le village de Mousson en lui-même, ainsi que les ruines de la forteresse féodale, n'ont aucune particularité bien saillante. Signalons toutefois deux vieilles maisons gothiques, dont l'une porte un écusson. Leur histoire est inconnue. Des enceintes fortifiées, il ne reste que d'informes pans de murs, avec de nombreuses lacunes, ce qui serait tout à fait insuffisant, à défaut d'autres documents, pour essayer d'en reconstituer le tracé. Néanmoins, on imagine quelle puissante construction ce dut être au commencement du XVII° siècle. Il demeure également de l'ancien château-fort une tour qui a été restaurée et aménagée en clocher, mais au-dessus de laquelle on a eu le mauvais goût de jucher une Jeanne-d'Arc, qui détonne à cette hauteur.

Du haut de la colline, on a sous les yeux le plus magnifique panorama qu'on puisse rêver. Vers le Nord et l'Est, la cathédrale de Metz se profile sur l'horizon, dominant la ville qui scintille sous le soleil. De Metz, le regard remonte la vallée où serpente la Seille parmi de riches villages, jusqu'à Nomeny; puis continue et va se perdre, par delà les côtes de Delme et de Château-Salins, jusqu'aux Vosges lointaines. Vers l'Ouest, c'est Pont-à-Mousson qui s'étale tout entier à nos pieds, la vallée majestueuse de la Moselle et le pays mouvementé qui l'avoisine, les forêts de Haye, de Puvenelle et du Bois-le-Prêtre, par-dessus lesquelles surgissent les côtes de Toul et celles qui dominent la Meuse.

Cette vue d'ensemble de la ville permet au visiteur de coordonner les souvenirs et impressions recueillis en la parcourant. En outre, il y ajoutera une vision de ses environs immédiats : la commune de Maidières, qui en est presque un faubourg, celle de Montauville, un peu plus loin dans la gorge où s'enfonce la route de Saint-Dizier; plus à droite, les cités de Boozville, Montrichard et les villas du Haut-de-Rieupt, restes d'un village du XIII⁰ siècle; puis Norroy et Vandières. A gauche, Blénod-lès-Pont-à-Mousson et Jezainville; et enfin, tout à fait sur le côté, les villages historiques d'Atton au pied de la montagne, Loisy un peu plus loin, et Sainte-Geneviève sur son haut piton.

De quelque côté qu'on se tourne, on domine les immenses étendues d'un des pays les plus attrayants et les plus variés qui soient en France. Aussi a-t-on peine à s'arracher à cette contemplation, qui devient vite une grave méditation, lorsqu'on s'en remémore l'histoire...

LA VIE MODERNE
L'INDUSTRIE A PONT-A-MOUSSON

Jusqu'ici, nous n'avons envisagé de Pont-à-Mousson et du pays mosellan, que le côté architectural et pittoresque. Nous avons essayé de montrer d'abord quel intérêt s'attache à la ville au point de vue archéologique. L'aperçu historique par lequel nous terminerons exposera d'autre part à travers quels événements se créèrent les richesses monumentales et artistiques que nous venons de passer en revue.

Mais Pont-à-Mousson a beau être une ville d'art et un lieu rempli de souvenirs émouvants, elle n'est pas confinée, comme on pourrait le croire, dans un culte exclusif du passé, qui en ferait une ville morte. Ele a évolué, au contraire, et, tout en gardant précieusement ce qui lui donne son caractère, elle est devenue par bien des côtés une ville moderne, dont l'activité ne le cède en rien à celle d'autres ruches humaines, foyers de la vie intense et productive qui est la caractéristique de notre temps. Dans l'essor industriel qui a transformé le pays lorrain, elle n'est pas restée en arrière; et d'ailleurs, sa situation géographique entre Nancy et Metz, au milieu d'un des plus riches bassins miniers du monde, la puissance de transport du chemin de fer et du canal qui parcourent la vallée, étaient bien faites pour favoriser l'établissement des grandes entreprises de production.

Après le Pont-à-Mousson du passé, qui affirme si éloquemment, par toutes ses pierres, le labeur des ancêtres, voyons donc maintenant la cité moderne, où nous trouverons la preuve que l'activité de ses habitants, pour avoir changé de forme, n'en est pas moins féconde.

Dans cette ville de 15.000 habitants, ont existé autrefois plusieurs industries aujourd'hui disparues. On y a fabriqué des aiguilles, des allumettes, de la peluche. Ces usines, assez peu importantes, étaient parfois installées dans les bâtiments d'anciens couvents, par exemple la pelucherie dans le vieux quartier des Carmes, sur la rive droite. Actuellement, il n'y a plus que deux organisations industrielles (fort différentes d'ailleurs), dont les produits aillent porter au loin le nom de Pont-à-Mousson. Ce sont : l'industrie métallurgique, représentée par la Société des Hauts-Fourneaux et Fonderies de Pont-à-Mousson, et l'industrie de la laque, dont les usines, construites sur une partie des anciennes dépendances de l'Université, rive droite, appartiennent à M. Adt.

Cette dernière fabrication est fort importante, et ses produits sont universellement réputés. Mais l'industrie métallurgique, de création relativement récente, appelle plus spécialement l'attention par le développement prodigieux qui lui a été donné depuis trente ans, et par sa puissance économique, qui s'exerce dans tous les pays du monde, où elle apporte ainsi un concours grandement utile à l'influence française. Aussi croyons-nous devoir lui consacrer une mention suffisamment complète pour en faire ressortir l'importance exceptionnelle au point de vue du Pont-à-Mousson d'aujourd'hui.

* * *

La Société anonyme des Hauts-Fourneaux et Fonderies de Pont-à-Mousson a son principal établissement sur une partie du territoire de Pont-à-Mousson et une partie du territoire de Blénod, dans un grand triangle formé par la route nationale et le chemin de fer, à l'entrée de la ville du côté de Nancy. Elle possède également deux autres établissements importants, tous deux dans le département de Meurthe-et-

Moselle : les hauts-fourneaux et la mine d'Auboué, créés en 1899, et rapidement devenus d'une puissance de production hors de pair, puisque l'extraction du minerai en 1913 a dépassé deux millions de tonnes. Ensuite les fonderies de deuxième fusion de Foug, créées en 1905, et où se fabriquent des tuyaux de canalisations, ainsi que le matériel de chemins de fer et de constructions mécaniques.

La Société s'occupe en général de l'extraction des minerais de fer et de houille, puis de la production de la fonte brute et des fontes moulées pour tous usages. Mais elle s'est surtout spécialisée, et a rapidement acquis une réputation incontestée, dans la fabrication des tuyaux de fonte pour les adductions et les distributions d'eau, de gaz, etc. C'est surtout Pont-à-Mousson qui est le siège de cette fabrication.

La création de l'établissement principal, dont nous nous occuperons exclusivement ici, remonte à 1856, c'est-à-dire presque à la naissance de l'industrie métallurgique en Meurthe-et-Moselle. A cette époque, on se bornait à traiter des minerais de Marbache dans de petits hauts-fourneaux à très faible production. Vers 1860, fut fondée à Pont-à-Mousson la première usine de dénaturation des produits bruts en produits finis. On y faisait des fontes moulées, des plaques de cheminées, et enfin, un peu plus tard, on y entreprit la fabrication des tuyaux de conduites.

La Direction de l'usine a pressenti, dès le début, l'avenir qui était réservé au pays en raison de sa richesse en minerai de fer, et elle s'est attachée avec opiniâtreté à répandre l'emploi de cette fonte de Meurthe-et-Moselle, la dernière venue sur le marché français, et qui avait d'abord été considérée comme de qualité médiocre.

Ses efforts ont été récompensés par un succès rapide et constant. On peut dire que les Etablissements actuels de Pont-à-Mousson se trouvent à la tête de la marche ascendante suivie par la production métallurgique en Meurthe-et-Moselle. Elle a surtout développé dans des proportions inouïes la fabrication des tuyaux de fonte pour canalisations d'eau, dont l'usage est maintenant universellement préconisé comme représentant un progrès considérable au point de vue de l'hygiène. Les tuyaux de fonte de Pont-à-Mousson sont connus et employés, non seulement en France, mais dans le monde entier, puisque la moitié environ de cette production est exportée.

Aussi la réputation de l'usine est-elle mondiale. Il ne se passe pas d'année sans qu'un ou plusieurs congrès de savants, d'industriels, de médecins, d'hygiénistes, de techniciens, ou des élèves de nos grandes écoles, viennent la visiter, assister aux essais et aux diverses phases de la fabrication, dans le but de compléter leur documentation scientifique. Par la même occasion, ces visiteurs peuvent faire connaissance avec les beautés du pays et avec la ville elle-même, dont ils repartent charmés, pour aller redire au loin tout l'intérêt qu'elle leur a inspiré.

C'est également la Société de Pont-à-Mousson qui a pris l'initiative des recherches de houille dans le département de Meurthe-et-Moselle. Un sondage effectué sur le territoire de Pont-à-Mousson et dans les usines mêmes, a été poussé jusqu'à 1.556 mètres de profondeur; c'est dans ce sondage que la houille a été découverte pour la première fois en Meurthe-et-Moselle, le 19 mars 1905.

Les mines de fer de Marbache ne pouvant plus suffire aux besoins de l'usine, les hauts-fourneaux de Pont-à-Mousson sont alimentés par le minerai de l'établissement d'Auboué. Ces besoins sont d'ailleurs énormes, et on en aura une idée, sachant que l'usine est au premier rang pour la production de la fonte en Meurthe-et-Moselle, par ce fait que le département fournit à lui seul les trois quarts de la fonte employée en France.

Accessoirement, les Etablissements de Pont-à-Mousson produisent aussi la robinetterie et la boulonnerie nécessaires à la mise en œuvre de leurs tuyaux, ainsi que toutes les pièces en fonte pour installations de salubrité. L'utilisation des produits considérés autrefois comme déchets y est faite aussi sur une grande échelle; c'est ainsi que l'usine procure aux entrepreneurs, pour les travaux de bâtiments, le ciment et les briques de laitier, dont la valeur comme matériaux, autrefois inconnue, est aujourd'hui universellement réputée.

Pour donner une idée du développement extraordinaire de cette industrie, voici quelques chiffres qui nous ont été communiqués par la Direction de l'usine, et qui sont plus éloquents que des phrases :

L'extraction du minerai de fer a atteint, en	1860	. . .	4.500	tonnes.
—	—	—	—	1869	. . .	74.500	—
—	—	—	—	1900	. . .	279.000	—
—	—	—	—	1913	. . .	2.008.470	—
La production de la fonte brute a atteint, en	1869	. . .	24.500	—
—	—	—	—	1900	. . .	90.000	—
—	—	—	—	1913	. . .	300.000	—

La production de la fonte moulée a atteint, en 1869 . . .	7.000	tonnes.
— — — — 1900 . . .	87.000	—
— — — — 1913 . . .	200.000	—
La production en tuyaux de fonte a atteint, en 1872 . . .	3.500	—
— — — — 1900 . . .	57.000	—
— — — — 1913 . . .	150.000	—
L'exportation de fonte moulée a atteint, en 1869 . . .	1.300	—
— — — — 1900 . . .	19.000	—
— — — — 1913 . . .	70.000	—
Le nombre d'ouvriers était . . . . . en 1863 . . . de	190	
— — . . . . . 1900 . . . —	2.400	
— — . . . . . 1913 . . . —	6.000	
Le chiffre d'affaires a atteint . . . . en 1893 . . .	8	millions
— — . . . . 1900 . . .	13	—
— — . . . . 1913 . . .	46	—

Ajoutons à ces énormes quantités de métal produit et usiné, une production actuelle de 30 millions de briques et 50.000 tonnes de ciment de laitier par année. Ces chiffres font ressortir d'une manière saisissante la puissance économique de cette organisation. Ils permettent, en outre, de concevoir l'étendue des multiples difficultés sociales entraînées par une aussi grande réunion de travailleurs. Disons tout de suite que ces difficultés ont été pour la plupart résolues par l'Administration de l'usine, et d'une manière qui fait honneur à sa clairvoyance comme à sa sollicitude pour son personnel. C'est ainsi qu'ont été créées 500 maisons ouvrières modernes, des bains-douches, etc., et que l'Administration assure aux ouvriers la gratuité des soins médicaux, des allocations aux anciens ouvriers médaillés et à leurs veuves, s'ingéniant en outre à favoriser le développement de toutes les œuvres capables de procurer à ce nombreux personnel une augmentation de bien-être, et par là à le retenir étroitement groupé auprès d'elle. Une coopérative fonctionne sous la direction des ouvriers et des employés, en dehors du contrôle de la Société. Cette heureuse création, inspirée par le meilleur esprit de solidarité, a rendu les plus grands services, surtout en cette période de guerre, car elle n'a cessé de fonctionner normalement, même pendant les quelques jours de l'occupation allemande.

Mentionnons encore les bourses attribuées par la Société de Pont-à-Mousson aux fils d'ouvriers qui montrent des dispositions exceptionnelles pour l'étude, les sommes consacrées chaque année à diverses œuvres locales de solidarité, les dotations faites à la Caisse d'épargne

pour bonifier le taux d'intérêt des sommes déposées par les ouvriers, les cours complémentaires organisés pour les jeunes apprentis, et enfin la fête annuelle du travail, qui a pour but, aux termes d'un joli opuscule illustré que nous avons sous les yeux, « de grouper dans un même sentiment d'union fraternelle tous ceux qui, soit par leur travail, soit par leurs qualités professionnelles, soit par l'ancienneté de leurs services, ont plus particulièrement aidé à la marche en avant de la Société ».

On le voit, cette forme nouvelle de l'activité, qu'est la grande entreprise industrielle moderne, lorsqu'elle est ainsi dirigée, ne manque ni de noblesse, ni de valeur civilisatrice. Pour les Etablissements des Hauts-Fourneaux et Fonderies de Pont-à-Mousson, comme pour les richesses artistiques de la ville, sont donc tout particulièrement à redouter les destructions résultant de la guerre.

*
* *

A les bien prendre, dans leur sens le plus général, de telles organisations du travail collectif, où des esprits étroits pourraient voir seulement des entreprises de lucre, ne sont pas non plus dépourvues de beauté. Si cette beauté est créée par des moyens différents, si elle ne s'impose pas directement, comme celle des œuvres d'art que nous avons admirées, elle n'en existe pas moins; seulement, au lieu d'être dans une harmonie sensible de lignes, de formes, de couleurs, ou de sons, elle est dans une harmonie virtuelle de la vie sociale, rendue meilleure par une augmentation du bien-être humain. Il faut donc souscrire aux paroles suivantes qu'adressait en 1914 l'éminent Administrateur-Directeur des Etablissements de Pont-à-Mousson, M. Cavallier, à un congrès d'étudiants venus pour visiter la ville et les usines :

Les poètes, les artistes reprochent souvent aux industriels de dénaturer les paysages, de faire disparaître le charme du pays de France. L'industrie ne détruit pas nécessairement la beauté. Pour qui la connaît bien, l'industrie possède un charme qui lui est propre, charme empreint de rudesse, de force et aussi d'un symbolisme profond : des foyers géants dont vous avez entendu les palpitations s'échappe le flot de métal incandescent que notre labeur met constamment en œuvre et qui va se répandre dans le monde entier.

Et, en contribuant à fortifier, à assainir, à sauver des existences humaines sur tant de points du globe, en luttant contre la routine, en combattant les épidémies, ce labeur journalier ne concourt-il pas, lui aussi, au développement, au plein épanouissement de la vie, beauté suprême ?

Remarquons enfin, comme conclusion de ces notes, qu'une telle adaptation d'une vieille cité moyenâgeuse aux nouvelles conditions de la vie, prouve, mieux que tous les discours, la puissance vitale d'un peuple qui a subi naguère des épreuves terribles. Comme le disait un des congressistes lors de la visite que nous venons de rappeler, « le caractère du Lorrain est ainsi fait qu'il puise, dans la lutte et le sacrifice, des forces et des énergies nouvelles ».

Virtus agitata crescit !...

APERÇU HISTORIQUE (¹)

Maintenant que le lecteur est à même de se faire une idée à peu près exacte, sinon complète, du Pont-à-Mousson actuel, nous allons essayer de lui exposer, dans ses grandes lignes, le passé de ce coin de Lorraine si intéressant déjà, au seul point de vue de la beauté naturelle du site. Mais qu'il se rassure. Ce n'est pas un cours d'histoire bourré de noms, de dates et de faits plus ou moins insignifiants, que nous prétendons lui infliger. Nous ne pensons ni à faire étalage d'érudition — ce qui serait hors de saison, — ni à célébrer en les exagérant, les hauts faits qui se déroulèrent ici, pour en faire rejaillir le vain lustre sur la ville moderne. Mais ce livre étant lui-même une page d'histoire, ne saurait, sans perdre une partie de son sens, être isolé de l'histoire antérieure. Pour le lire dans l'état d'esprit qui convient, il faut connaître dans leur aspect général, non seulement les lieux, mais les souvenirs qui s'y rattachent, et qui éclairent la lente formation de la cité et de l'âme locale.

Comme beaucoup de localités des pays frontières, Pont-à-Mousson semble avoir pour origine un tout petit village de serfs au pied d'une forteresse beaucoup plus ancienne que lui-même.

(¹) Nous avons puisé la majeure partie des données historiques qui vont suivre dans l'ouvrage intitulé : *Causeries sur Pont-à-Mousson,* par M. Eugène Ory (1880), qui se trouve à la Bibliothèque de Nancy.

Tandis que Mousson remonte vraisemblablement à l'époque gallo-romaine, c'est seulement vers le IX° ou le X° siècle qu'on trouve la première mention d'une petite bourgade de pêcheurs établie sur la rive droite de la Moselle, sous le nom de *Villa Pontus sub castro Montionis*. Une quantité considérable d'objets antiques, de médailles et armures romaines, trouvées autrefois sur la colline, donnent en effet à supposer qu'il a existé là un camp romain fortifié, et même peut-être un temple dédié à Jupiter. Cette circonstance très probable, selon certains archéologues, fournirait l'étymologie du nom de Mousson : *Mons Jovis, Mons Io*, montagne de Jupiter. D'autre part, la légende attribue à Jules César la construction d'un pont sur la Moselle à cet endroit. Quoi qu'il en soit, il est permis de croire que cet ouvrage important doit remonter sensiblement à la même époque que le camp romain, dont il était le complément stratégique presque obligatoire.

On le voit, les traces les plus anciennes de l'activité humaine en ces lieux, comme en tant d'autres, indiquent la présence de constructions militaires. « S'il est vrai, écrit Dom Calmet, qu'il y eut autrefois un camp des Romains au haut de la montagne de Mousson, il est très croyable qu'il y avait aussi un pont de pierre au pied de la montagne, et que les troupes du camp étaient destinées à la garde de ce pont, qui était un passage très important et très fréquenté dès lors pour aller de Metz et de Trèves en Champagne et à Toul, et réciproquement. »

Ainsi donc, un pont sur la rivière pour la grande voie romaine se dirigeant vers l'Allemagne, protégé par une station facile à défendre en raison de sa position géographique; tel est le point de départ. Rien ne fait prévoir encore la future « *Ville du Pont* », qui naîtra plus tard au pied du nid d'aigle, et grandira sans cesse, tandis que celui-ci tombera en ruines au milieu d'un pauvre village.

Il paraît certain que cette position fortifiée de Mousson faisait partie de la ligne de défense organisée dès le III° siècle contre les irruptions des barbares du Nord; ligne formée d'une série de postes d'observation qui communiquaient entre eux par signaux optiques, de la côte Saint-Michel, près de Toul, au camp de Jaillon et aux forteresses de Scarponne, Monçon, Prény et Saint-Blaise.

Après la conquête de l'Austrasie par les Francs, la citadelle de Monçon fit partie des possessions de Clovis et de Charlemagne; puis elle fut incorporée au royaume nouveau de Lotharingie. Plus tard, prise et reprise par le roi de France Raoul et par l'empereur d'Allemagne, elle fut enfin érigée en comté au XIe siècle, sous la suzeraineté de ce dernier, et devint apanage des comtes de Bar, qui portèrent désormais le titre de Comtes de Bar et de Monçon, dans toutes les guerres et croisades auxquelles ils participèrent.

C'est au temps du premier comte de Monçon, vers 1085, que fut bâtie, au-dessus des remparts du vieux castel féodal, une chapelle romane qui sert encore d'église au petit village de Mousson. On y remarque un baptistère de la même époque, mais porté par un piédestal beaucoup plus ancien, que les antiquaires croient contemporain du temple de Jupiter.

De cette époque aussi date la composition de l'écu qui figure dans les armes de Pont-à-Mousson. Sur l'écu des comtes de Monçon, qui était d'azur, furent ajoutés les deux bars (barbeaux) d'or, adossés. Un peu plus tard, en 1147, le comte Renaud Ier y ajouta les croix d'or recroisetées, au pied fiché, en souvenir d'un pèlerinage en Terre-Sainte et d'une visite à Bethléem. Le pont à trois arches et deux tours d'argent sur une rivière de sinople, qui complète lesdites armes, a été ajouté au commencement du XVe siècle, quand la ville nouvelle, ayant déjà acquis une certaine importance, eut obtenu l'exercice du sceau du tabellionnage.

Dans ces temps sombres du Moyen-Age, où ne s'ébauchaient même pas encore les nationalités, où la force des armes était le seul moyen d'organisation de peuples à l'état chaotique, les luttes étant continuelles et sanglantes, entre villes, comtés ou marquisats. Aussi la longue histoire des comtes de Monçon n'est-elle que de batailles avec les évêques de Metz, de Verdun, de Liége, etc.

Ces seigneurs féodaux étaient d'ailleurs de rudes et redoutables chefs de bandes. L'un d'eux, Renaud Ier, déjà cité, ne craignit pas d'entamer la lutte avec son suzerain, l'empereur d'Allemagne, qui vint en personne, en 1113, faire le siège de Monçon. En 1153, les Messins ayant encore assiégé la forteresse, furent repoussés de telle sorte que bien peu d'entre eux échappèrent au massacre. Nous voyons ensuite les comtes de Monçon aux Croisades, avec les rois de France Louis VII et Philippe-Auguste; nous les retrouvons mêlés à la croisade contre les Albigeois, en 1211, puis assistant encore le roi de France à la bataille de Bouvines. Entre temps, ils ne cessaient de guerroyer avec tous leurs voisins.

***

Le seul nom qu'il soit intéressant de mentionner dans toute cette lignée de burgraves, est celui de Thibaut II parce que c'est lui qui fut le véritable fondateur de Pont-à-Mousson. Devenu comte de Monçon en 1239, il ne laissa pas de se montrer d'humeur aussi guerrière que ses devanciers, puisque la chronique rapporte qu'il retint prisonniers dans son castel de Monçon, pendant deux années entières, sa propre sœur et son beau-frère, le comte de Luxembourg. C'est même lui qui battit outrageusement l'évêque de Metz, lequel s'en vengea par une excommunication en règle. Mais ce sont là les moindres titres de Thibaut II au souvenir de l'Histoire.

Jusqu'au XIIe siècle, le petit village des bords de la Moselle, appelé *Villa Pontus sub castro Montionis* (la bourgade du Pont-sous-Monçon), ne comptait que quelques maisons de serfs et de pêcheurs. Vers l'an 1200, il y avait cependant été construit un hôpital, réservé aux malheureux atteints de la maladie connue au Moyen-Age sous le nom de « feu Saint-Antoine ». Cet hôpital dépendait de la commanderie de Saint-Antoine, à Liége. La ville naissante prit alors le nom de *Pont-Saint-Antoine*. Mais elle ne commença à croître et à prospérer réellement que sous l'impulsion de Thibaut II, qui sut y attirer les habitants des régions avoisinantes, en leur promettant l'exonération des dures servitudes féodales, avec l'ensemble de privilèges désigné par l'appellation de « loi de Beaumont ».

Il est curieux de remarquer ici que Pont-à-Mousson doit son développement aux premières idées d'émancipation populaire. A cette époque on sort à peine du mouvement communaliste qui a secoué la vieille Gaule, particulièrement dans le Nord. Toute une poussée d'idées libérales encore mal définies est venue battre en brèche le régime féodal, annonçant la future transformation du pays anarchique en un royaume organisé. C'est le premier balbutiement de la conscience française qui se fait entendre. En même temps, dans les grandes villes, les corporations d'artistes constructeurs sont en plein travail, pour l'achèvement de ces admirables monuments qui émeuvent encore maintenant les foules étonnées, comme une révélation de la force, de la science et de la beauté. Obscurément, le peuple a senti que c'est lui-même qui s'exprime dans ces architectures majestueuses, par le talent des tailleurs de pierre vive, en qui il devine, malgré leur effacement volontaire, des amis et des guides sûrs. Qui pourrait dire dans quelle mesure il y eut corrélation entre les manifestations d'art et les efforts d'affranchissement populaire, au cours des XIIe et XIIIe siècles?

Pour en revenir à notre histoire locale, disons en quelques mots ce que c'était que cette loi de Beaumont, dans laquelle il faut voir la puissance morale qui détermina le développement de Pont-à-Mousson.

Plusieurs villes importantes, dont Metz, Toul et Verdun, avaient réussi à s'affranchir contre le gré de leurs évêques, impuissants à s'y opposer, et souvent avec l'appui des seigneurs voisins. Dans la Lorraine et dans le Barrois, où les villes plus faibles ne pouvaient songer à obtenir leurs libertés par les mêmes moyens, elles décidèrent cependant les ducs de Lorraine et les comtes de Bar à les leur accorder, tant par la crainte de troubles que par intérêt; il en résultait en effet un affaiblissement notable de la puissance de certains vassaux, souvent trop turbulents. C'est ainsi que bon nombre de villes, de bourgs et de villages reçurent des chartes, dont la plupart se référaient à celle qui avait été accordée en 1182 à une ville fondée en Champagne par Guillaume, archevêque de Reims, sous le nom de Beaumont. Cette charte ou loi de Beaumont, légèrement modifiée suivant les circonstances, et comportant des privilèges appréciables, fut donc en quelque sorte l'origine de toutes les franchises communales dans l'Est de la France.

*
* *

C'est donc vers le milieu du XIIIe siècle que commence vraiment à se constituer la ville de Pont-à-Mousson. Attirés par les promesses du comte Thibaut, les paysans des campagnes environnantes viennent successivement s'agglomérer aux deux bords de la Moselle, sous la protection du vieux château-fort. Ceux de Thirey, ou Trey (village dont il ne reste actuellement que le vieux Trey, ou Vitrey) fondent la paroisse de Saint-Martin, sur la rive droite. Ceux de Blénod, de Saint-Laurent-le-Lévite, de Rieupt, donnent naissance aux paroisses de Saint-Jean, Saint-Laurent et Sainte-Croix-en-Rupt (ou Rieupt), sur la rive gauche. L'ensemble forme une ville nouvelle, qui change dès lors son nom de Pont-Saint-Antoine pour celui de *Pont-sous-Monçon,* lequel lui restera désormais, sauf à s'altérer légèrement plus tard en son nom actuel de Pont-à-Mousson.

Avant Thibaut II, cependant, la vieille ville de la rive droite était déjà une petite place forte, avec ses murs d'enceinte et quatre portes : celles de Monçon, de Thirey, d'Atton et des Chevaux. La ville neuve de la rive gauche, ayant pour centre la paroisse Saint-Laurent, fut également munie de remparts, avec cinq portes nouvelles, dites de Maidières, de Blénod, des Juifs, des Pêcheurs et de Rieupt; noms qui furent changés plus tard, du reste, par la charte impériale de 1372.

L'initiative du comte Thibaut ne se borna pas à réunir sous un même régime libéral, à proximité de sa résidence, un grand nombre de ses sujets. Il voulut faire encore une œuvre plus durable, en contribuant directement à la construction de la nouvelle cité. On était encore, à cette époque, en pleine fièvre d'architecture, et les plus rudes esprits en étaient gagnés. A son retour de Flandre, il ramena donc avec lui des architectes de talent, qui construisirent nombre de monuments originaux, dont il ne reste guère que les arcades de la place Duroc, si intéressante avec sa forme triangulaire et ses maisons historiées. On peut dire que Pont-à-Mousson se résume en cet ensemble architectural, qui donne la note caractéristique de la ville aux yeux de l'étranger.

En même temps qu'il donnait l'impulsion à la construction de la *Ville neuve du Pont,* Thibaut II se préoccupait d'y organiser la vie administrative et commerciale. A côté des magistrats municipaux élus, il y eut les représentants de l'autorité seigneuriale, le prévôt, le procureur et leurs gens, pour la répression des délits. D'autre part, les divers métiers furent répartis en corporations méticuleusement réglementées, ayant chacune ses privilèges et sa hiérarchie. Pour l'époque, cette organisation était un progrès. On sait quels inconvénients surgirent plus tard, d'une réglementation par trop rigide, dont devait fatalement résulter l'antagonisme des divers corps de métiers.

Somme toute, le nom de Thibaut II reste comme celui d'un novateur et d'un seigneur d'esprit aussi démocratique que le permettait son temps. Nous ne craignons pas d'y insister, c'est à la charte libérale octroyée par ce prince, puis à sa sollicitude pour l'organisation et l'embellissement de la cité naissante, que Pont-à-Mousson doit son premier essor, son caractère, et, pour ainsi dire, sa personnalité.

***

Le fils et successeur de Thibaut II, rompant avec les traditions de ses aïeux, combattit le roi de France Philippe-le-Bel, et, vaincu dans la lutte, dut céder une partie du Barrois. Pont-à-Mousson restait toutefois dans la partie non *mouvante* du royaume de France, et le comte de Bar en gardait la souveraineté. Mais, successivement, il fut encore dépouillé de plusieurs autres seigneuries. C'est le commencement des transformations profondes qui vont bientôt survenir dans les anciens fiefs mérovingiens, départageant les territoires qui seront réunis petit à petit à la couronne de France, et ceux qui resteront sous la suzeraineté de l'empereur d'Allemagne.

En 1354, pour émanciper le comte Robert, alors mineur, l'empereur d'Allemagne érigea la terre et seigneurie de Pont-à-Mousson en marquisat. De son côté, le roi de France, Jean II, érigea en duché la terre de Bar. De sorte que Robert fut à la fois le premier duc de Bar, marquis de Pont-à-Mousson, et le seizième et dernier comte de Monçon. Monçon avait vécu, comme siège de la seigneurie; il n'en resta plus dès lors qu'un souvenir de puissance et de gloire guerrière.

Mais Pont-à-Mousson, la ville récente née d'une petite bourgade naguère ignorée, en acquérait une importance politique croissante. Peu après son érection en marquisat, en 1372, l'empereur Charles IV la déclara ville impériale, c'est-à-dire ville privilégiée relevant du Saint-Empire romain germanique. Voltaire a pu écrire, non sans raison, que ce Saint-Empire n'avait rien de saint, d'impérial, de romain, ni même de germanique. Il importait peu à la ville, qu'une telle déclaration revêtait d'un prestige considérable. Sans déroger aux droits acquis des seigneurs, cet acte la dotait en effet « des titres, libertés et immunités, grâces, biens et privilèges dont les autres cités et lieux insignes de l'Empire jouissaient en vertu de droit ou de coutume ». La qualification de germanique n'était d'ailleurs que de pure forme dans l'esprit des habitants, qui n'en restèrent pas moins, ainsi que les marquis de Pont-à-Mousson, fidèles alliés et amis de la France. L'histoire de ces princes nous les montre, suivant en cela la tradition de leurs ancêtres, Français de cœur bien avant l'annexion de la Lorraine à la France, mêlant leur sang à celui des Français sur tous les champs de bataille de l'Europe.

L'évolution de la ville de Thibaut II s'accomplissait ainsi lentement, mais non sans obstacles et calamités de toute sorte, dont le plus désolant était la guerre éclatant à tout propos et détruisant périodiquement les fruits du travail accompli durant les rares années pacifiques. En lisant l'histoire de ces temps troublés, on se demande par quel prodige d'opiniâtreté et d'invincible attachement à leur sol les populations ainsi éprouvées purent s'acharner à reconstruire leurs villes, à les embellir, à y organiser la vie sociale, en un mot à s'ouvrir les voies d'une destinée dont elles ne désespérèrent jamais. Ainsi que le fait remarquer un historien, du XIe au XVe siècle la guerre sévit entre les ducs de Lorraine et leurs voisins à l'état de fléau chronique : guerres avec les comtes de Bar (dont Pont-à-Mousson dépendait directement), avec les évêques ou les bourgeois de Metz et de Toul, avec les comtes de Vaudémont; guerres impitoyables, parce qu'alors la propriété étant confondue avec la souveraineté, on ravageait l'une pour atteindre l'autre.

Déjà, en 1232, la ville encore embryonnaire avait été en partie brûlée par le duc de Lorraine Mathieu II. En 1427, une guerre terrible s'engagea contre les Messins, qui ravagèrent de nouveau la *Cité du Pont*, et vécurent longtemps aux dépens de ses habitants et de ceux des campagnes voisines. Quelques années plus tard, l'empereur Sigismond ayant réuni la Lorraine et le Barrois sous la souveraineté de René d'Anjou, il y eut à Pont-à-Mousson de grandes réjouissances pour célébrer cet événement important, qui pourrait mettre fin, espérait-on, à l'hostilité permanente de la ville avec Metz. Mais, à cette occasion même, un guet-apens tendu à des seigneurs messins par le sire de Commercy fut cause de nouveaux troubles, qui nécessitèrent l'intervention de la cour des grands jours siégeant à Saint-Mihiel. Le jugement, condamnant le sire de Commercy à de fortes amendes, n'éteignit pas du reste l'hostilité toujours latente contre Metz, ville libre, qui excitait les convoitises et les jalousies des ducs de Lorraine. En 1473, une expédition fut organisée dans la forteresse de Mousson pour la surprendre; la tentative avorta grâce au dévouement d'un boulanger messin qui prit la tête de la résistance, et qui, par sa ruse et son sang-froid, fit prendre comme dans une souricière les hommes d'armes qui s'étaient déjà aventurés dans la ville.

***

Mais des événements autrement terribles allaient bientôt se produire. C'est l'époque où les troupes bourguignonnes, sous la conduite de

Charles-le-Téméraire, se répandaient dans la Lorraine et dans le Barrois, semant la terreur et la ruine sur leur passage. La ville de Pont-à-Mousson, assiégée, dut se rendre au bout d'une semaine de résistance. Le vainqueur se montra d'ailleurs modéré, et les hostilités furent pour un temps suspendues.

Elles ne tardèrent guère à recommencer. L'armée bourguignonne revint camper à Atton, presque sous les murs de la ville; peu après elle s'empara de la hauteur de Mousson, position qui lui donnait un avantage marqué sur l'armée du duc de Lorraine René II, concentrée dans Pont-à-Mousson. Celui-ci, comprenant le danger, voulut donner l'assaut pour rejeter l'ennemi, mais ses troupes, composées de mercenaires allemands et suisses, se mutinèrent sous prétexte qu'il leur était dû un arriéré de solde; puis, après avoir jeté le trouble et le pillage dans la ville, se portèrent en masse à la porte de Maidières et s'enfuirent en désordre. Le Duc, averti, les rejoignit à Blénod, les harangua, et peut-être aurait-il réussi à les ramener. Mais il était trop tard; les Bourguignons venaient d'entrer par la porte de Mousson. Une fois de plus, la ville fut occupée par l'ennemi.

Ce n'était pas la dernière des épreuves auxquelles elle devait être soumise. L'histoire mentionne encore le siège de 1492 par les Messins, qui détruisirent en grande partie la forteresse de Mousson en faisant sauter le magasin aux poudres. La restauration des murailles écroulées fut entreprise dès 1521 par le duc Antoine, et achevée par le roi de France Henri II, qui vint en personne à Pont-à-Mousson, en 1552. De nouveau, le sommet de la colline redevint une redoutable forteresse, dont on retrouve encore aujourd'hui quelques vestiges. Le village de Mousson était compris dans l'enceinte à trois portes, ouvrant respectivement sur le duché de Bar, sur la Lorraine et sur le pays messin. L'entrée du fort intérieur était flanquée de deux tours, dont l'une est restée et sert aujourd'hui de clocher.

Les murailles de Mousson devaient être définitivement détruites en 1670 par les troupes du maréchal de Créqui.

« En l'année 1632, encore toute consternée des terribles ravages de la peste qui enleva, en trois ans, près de 3.000 personnes, notre ville vit entrer dans ses murs le roi Louis XIII. Ce fut le prélude d'une ère vraiment épouvantable. Sans cesse prise et reprise par les troupes françaises et lorraines qui y séjournaient en quelque sorte simultanément, aux frais de ses infortunés habitants, notre ville fut le théâtre de tout ce que cette époque put enfanter de plus effroyable. Nous sommes dans la période suédoise de la guerre de Trente-Ans. » (E. ORY.)

Un chroniqueur du temps rapporte que des armées venues de tous les pays de l'Europe, accompagnées d'une multitude de pillards, portèrent partout la dévastation, la peste, la famine, et tous les maux de la guerre. On n'estime pas à moins de 600.000 le nombre des Lorrains qui perdirent la vie pendant ces trois années de calamités inouïes (1635-1636-1637).

A citer encore, cette phrase sinistre d'un contemporain : « On n'entend que vols, violements, brûlements, saccagements. »

Le résultat fut, pendant plusieurs années, la ruine, la famine et la plus atroce misère. Vers le milieu de 1640, la faim fut telle qu'un procès verbal dressé par l'autorité ecclésiastique mentionne un enfant qui, s'étant approché de quelques jeunes gens plus âgés, fut par eux mis en pièces et dévoré à belles dents. Beauté et grandeur de la guerre !...

Dans ce XVII° siècle qu'on ose appeler le grand siècle — sans doute à cause du contraste entre le luxe de Versailles, l'éclat du Roi-Soleil et de ses favorites, l'opulence de ses fermiers généraux, et l'abominable condition faite à ces animaux à face humaine dont La Bruyère a buriné une si poignante esquisse, — dans ce hideux siècle de Louis XIV, les souffrances du peuple, à Pont-à-Mousson comme ailleurs, atteignent un degré d'horreur qui défie l'imagination. Cela n'empêchait pas Madame Deshoulières de rimer ses fades pastorales, ni Monsieur Despréaux de cuisiner solennellement, à l'adresse du Roy, ses pontifiantes flagorneries.

Et Pont-à-Mousson n'en avait pas fini encore, avec les guerres et les dévastations. Dans les courtes périodes de paix, la cité renaissait obstinément, se refaisait par le travail, pour retomber chaque fois dans de nouveaux malheurs. C'est, en 1669-1670, l'invasion des troupes de Louis XIV, commandées par le maréchal de Créqui, qui détruit de fond en comble, non seulement le vieux castel de Mousson, mais les remparts mêmes de la ville. Ces fortifications ne furent jamais reconstruites depuis. Ce sont, ensuite, les horreurs de la guerre de la succession d'Autriche, puis de la guerre de Sept-Ans; une chevauchée sans fin des hommes d'armes à travers le pays, rançonnant, tuant, brûlant, pillant l'habitant obligé de subir de leur part des avanies sans nombre. On trouve dans les archives municipales un mémoire où nous relevons ce passage : « Les malheureux habitants sont accablés par le logement militaire continuel et si dur que la plupart est obligé de céder sa chambre et souvent son lit pour coucher sur son foyer et d'aller chercher sur son dos le bois qui doit faire l'ordinaire du soldat dans les forêts. La licence du soldat chez le bourgeois porte le trouble dans les familles et, par suite, à la pureté des mœurs. »

**

En 1736, le duc de Lorraine François III, devenu empereur d'Autriche, fit cession à Stanislas, roi de Pologne, des duchés de Lorraine et du Barrois. Enfin, trente ans plus tard, à la mort de Stanislas, la Lorraine fut réunie à la France.

On ne peut pas dire que ces événements politiques modifièrent beaucoup le sort des populations lorraines. Il est vrai que le règne de Stanislas coïncida avec une période plus calme. Les efforts de ce prince pour conserver la paix et ramener la prospérité dans le pays lui ont valu la reconnaissance populaire. C'est, en quelque sorte, une ère nouvelle qui s'annonce.

Cependant, ce règne de Stanislas-le-Bienfaisant ne peut guère être considéré que comme une période de transition. Au moment où, avec la Lorraine entière, Pont-à-Mousson devient à tout jamais ville française, des symptômes se manifestent déjà, de la grandiose éruption qui transformera bientôt le vieux monde. De nouvelles destinées vont s'ouvrir; et le peuple frémit d'espoir, car il devine le sourd travail préparatoire d'une libération plus complète, et il sent en lui s'accumuler, se préciser les énergies par lesquelles cet avenir va éclore.

1789 trouva Pont-à-Mousson prête. Les idées nouvelles y avaient acquis, comme partout, une puissance insoupçonnée, mettant dans tous les esprits la volonté d'un remaniement profond de l'organisme politique et social. Aussi le *Cahier des doléances de la Ville de Pont-à-Mousson*, adopté le 10 mars 1789, renferme-t-il un programme de réformes qui témoigne d'une remarquable indépendance de pensées et d'aspirations. Sur les 56 articles de ce cahier, 47 traitent de questions d'intérêt général, 9 seulement formulent des demandes particulières à la ville. On y trouve, entre autres, les revendications suivantes : Etablissement d'une constitution qui fixe les droits du roi et ceux de la nation. Garantie de la liberté individuelle. Droit pour la nation de voter les impôts, et de contrôler leur emploi. Egalité, au sein des Etats-Généraux, du nombre des députés du Tiers-Etat avec celui des deux autres ordres réunis. Responsabilité des ministres. Liberté de conscience. Création d'écoles dans les campagnes. Restitution des anciens privilèges locaux, et droit d'élire les officiers municipaux chargés de l'administration des villes. Accession de chacun à tous les grades de l'armée, sans distinction de naissance. Suppression de la vénalité des charges de judicature, etc...

C'est l'esprit même de la Déclaration des Droits de l'Homme, qui se manifeste avant la lettre; preuve que ce texte concis et puissant, promulgué par l'Assemblée Nationale dans ses séances des 20 au 26 août 1789, exprimait non seulement la pensée des philosophes, mais encore le sentiment et les vœux du peuple entier.

Le plus important des vœux d'intérêt local avait trait à la réintégration, dans la ville de Pont-à-Mousson, de l'Université, transférée à Nancy depuis vingt ans à peine, après deux siècles d'existence. Nous aurons à y revenir tout à l'heure, à propos de l'histoire universitaire, qui tient une si large place dans les fastes de la ville.

Ce cahier des doléances, présenté aux Etats-Généraux par la Ville de Pont-à-Mousson, fournit le meilleur argument contre ceux qui affirment que la Révolution a outrepassé les intentions et méconnu les désirs du peuple lorrain. Il est clair que la Lorraine n'a jamais considéré comme un malheur, ni son annexion à la France, ni l'impulsion qui lui fut donnée par la Révolution; bien au contraire, ces événements lui ont apporté, avec la libération d'un joug bien lourd, des garanties nouvelles d'un heureux développement, au sein de l'harmonie française. Que certaines tendances séparatistes se fassent parfois jour, à notre époque même, cela ne signifie rien de plus que l'insurmontable répugnance de certains esprits pour les mœurs libérales. Ces esprits vivent dans l'abstraction d'un passé que l'éloignement et l'illusion volontaire parent de séduisantes couleurs. Mais la réalité n'en est pas moins la réalité. Quelque vénération que les Lorrains professent pour le roi Stanislas, ils n'ont rien à regretter depuis 1789. En particulier, les Mussipontains, pour qui le souvenir de leurs anciens comtes, ducs ou marquis, est inséparable de celui des guerres continuelles, des famines, des pestes, dont leur ville fut tant de fois victime, ne sauraient plus être depuis longtemps que de fidèles et dévoués citoyens de la plus grande Patrie, à laquelle ils doivent leur émancipation.

De la mort de Stanislas à nos jours, la ville de Pont-à-Mousson a suivi le sort historique de la Lorraine et de la France entière. Il y a dès lors très peu d'épisodes qui lui soient particuliers. Comme les autres villes de l'Est, elle eut beaucoup à souffrir parfois, fut rudement éprouvée par les guerres de Napoléon, l'invasion de 1814-1815, et, plus tard, celle de 1870, dont les souvenirs tragiques sont actuellement ravivés par les événements auxquels nous assistons.

La ville fut occupée par les Allemands dès le 12 août 1870. A partir de ce jour, elle ne cessa d'être soumise au bon plaisir du vainqueur, dut faire face à toutes les réquisitions et contributions de guerre, hospitaliser la foule des blessés arrivant de Gravelotte, ravitailler le flot des armées qui la traversaient sans relâche. On estime qu'il passa à Pont-à-Mousson environ 400.000 Allemands. Le nombre des blessés, tant français qu'allemands, qui y furent hospitalisés pendant la campagne, ne fut pas inférieur à 40.000. Et avec tout cela, les habitants durent subir l'humiliation des fêtes délirantes auxquelles se livra l'ennemi dans leurs propres foyers, à la nouvelle de Sedan. Puis ce furent les capitulations de Metz et de Toul. Enfin, la paix conclue, l'occupation régulière de la garnison allemande, qui ne prit fin que le 2 août 1873. Le martyre moral de la ville avait duré près de trois ans.

Pourtant, malgré le désastre, malgré la douleur de savoir tout près de soi, des compatriotes annexés de force à l'Allemagne, elle se releva confiante en l'avenir, et presque joyeuse. C'est que, enfin, prometteuse d'un avenir de paix, ouvrant une ère nouvelle de prospérité et de justice, venait de se lever la Troisième et définitive République française !

L'UNIVERSITÉ

Cet historique à grands traits serait insuffisant à donner une idée exacte des souvenirs qui flottent dans l'atmosphère de Pont-à-Mousson, si nous ne consacrions quelques pages à rappeler la gloire, maintenant évanouie, de l'Université qui y brilla pendant près de deux siècles.

La fondation de cette Université, au XVIe siècle, eut pour cause première la préoccupation du Grand Cardinal de Lorraine, d'enrayer les progrès du protestantisme, devenus inquiétants dans ce pays situé aux confins de l'Allemagne luthérienne. Ce prélat était l'oncle du duc de Lorraine Charles III. Il le décida à entrer dans ses vues. Il lui fit agréer son choix de Pont-à-Mousson, ville privilégiée par sa situation géographique et son agrément naturel, pour siège d'un collège où seraient instruits les clercs et les jeunes nobles lorrains. La Compagnie de Jésus fut choisie d'autre part pour diriger le nouvel établissement, auquel le Cardinal projetait déjà d'adjoindre plus tard une Faculté de Droit.

Le pape Grégoire XIII accueillit favorablement la demande concernant cette fondation. La bulle d'érection portant octroi de privilèges fut lancée en 1572; et, deux ans plus tard, le Cardinal ayant obtenu l'expropriation de l'ancienne maison et de l'église des Antonistes, sur la rive droite, les travaux de construction et d'aménagement commencèrent aussitôt. Les professeurs les plus éminents de la Compagnie de Jésus furent désignés pour enseigner dans le nouveau collège. Ils ne purent toutefois s'installer immédiatement, et durent pour un temps faire leurs cours dans une grande maison appelée le « Château-d'Amour », sur la place qui porte actuellement le nom de Place Duroc.

Les classes furent ouvertes le 8 novembre 1574. Les fils du duc de Lorraine et du duc de Vaudémont étaient parmi les premiers étudiants inscrits. L'installation définitive dans les bâtiments de la rive droite eut lieu en 1575.

Le succès de l'établissement fut extraordinaire. Dès 1579, un contemporain pouvait écrire : « On y voit accourir d'Allemagne, de France et des villes et villages circonvoisins, une infinité d'escholiers; de façon qu'elle est déjà si peuplée et y a si grande suite et procession de ceux qui au son de la cloche viennent au delà le Pont, au Collège, qui est en deçà de la rivière de Moselle, qui passe entre deux, que c'est merveille, comme une si grande affluence d'auditeurs se soit assemblée en si peu de temps. »

En 1581, un autre chroniqueur affirme qu'aucune université en Allemagne et en France, sauf celle de Paris, ne peut se vanter de voir ses cours suivis par d'aussi nombreux disciples.

Les conditions matérielles étaient d'ailleurs à peu près parfaites, avec ces vastes bâtiments et dépendances, qui s'accrurent encore par la suite; tout ce qui était utile à l'enseignement tel qu'on le concevait à cette époque, se trouvait réuni en un ensemble pratique et spacieux, qui formait une véritable petite ville close et indépendante, avec ses quartiers distincts, son église (Saint-Martin), ses jardins et vignes, avec ses services et sa police particulière. Une notable partie des bâtiments ont aujourd'hui disparu. Dans celle qui est devenue le collège actuel, on remarque encore, entre les classes qui regardent la Moselle, une plaque de marbre avec une inscription latine qui rappelle l'érection de l'Université par Charles III, duc de Lorraine, Bar, et Gueldres.

A l'Université vinrent bientôt s'adjoindre des fondations accessoires, qui en dépendaient étroitement. C'étaient des séminaires. Le plus important, qui occupa une partie des bâtiments longeant l'actuelle rue Saint-Martin (cette rue a été percée en 1795 à travers les dépendances de l'Université), était le séminaire de Metz; il resta sous la direction des Jésuites de 1591 à 1768. Disons tout de suite que ce genre d'établissements était tellement multiplié au XVIIᵉ siècle, qu'il n'y eut pas moins de dix séminaires à Pont-à-Mousson, tous plus ou moins rattachés à l'Université. Nous passerons sur leur histoire, qui ne présente qu'un intérêt tout à fait secondaire. Signalons cependant, à titre de curiosité rétrospective, la fondation, en 1577, d'un séminaire écossais sous le patronage de Marie Stuart.

La notoriété étonnante acquise en si peu de temps par le collège s'explique, d'une part, par les noms des fondateurs et des premiers élèves, et la sollicitude que lui témoignaient les plus grands personnages; d'autre part, par le mérite de professeurs renommés tels que Nicolas Leclerc et surtout Maldonat, pour ne citer que ces deux noms. Ce fut ce dernier qui organisa l'Université et lui donna un règlement, ratifié successivement par le duc Charles III et par le pape.

Les lettres patentes du duc Charles III, portant statuts organiques de l'Université, sont du 28 juillet 1580.

Dès le début, il n'y eut qu'une Faculté des Arts et une Faculté de Théologie; la Faculté de Droit, à la création de laquelle tenait Charles III, ne fut d'abord représentée que par le professeur écossais Guillaume Barclay. L'organisation en fut difficile, à cause de la résistance des Jésuites, qui ne la voyaient pas d'un bon œil; ils craignaient en effet de voir reléguée au second plan l'idée mère de la fondation, c'est-à-dire la lutte contre la Réforme. Ils pensaient aussi, et non sans raison, que les jurisconsultes et les médecins n'accepteraient pas sans difficulté la suprématie d'un supérieur jésuite. En fait, lorsque le Duc de Lorraine entra en pourparlers avec des professeurs renommés de diverses villes françaises, pour les décider à accepter des chaires à l'Université de Pont-à-Mousson, il ne réussit pas toujours. Le célèbre Cujas, pressenti, refusa catégoriquement, ne voulant à aucun prix avoir un Jésuite pour recteur.

Ce fut surtout Grégoire, de Toulouse, qui organisa, vers 1582, la Faculté de Droit de Pont-à-Mousson.

****

Un des caractères les plus curieux de l'Université, au début du XVIIe siècle, fut le développement extraordinaire des études linguistiques. Les professeurs étaient presque tous des polyglottes consommés, et leurs élèves, appartenant à diverses nationalités, acquéraient eux aussi, par leurs leçons et par une sorte d'enseignement mutuel, une connaissance à peu près complète des langues européennes, outre le latin et le grec. On peut en juger par cet exemple : En 1631, le prince François de Lorraine quittant l'Université, où il avait étudié pendant sept ans, fut salué à son départ par ses condisciples, en une quarantaine de langues différentes (!).

Peu d'années après sa fondation, l'Université avait donc acquis une renommée qui s'étendait bien au delà du pays lorrain. Les familles de la plus haute noblesse tenaient à y envoyer leurs fils. Le prince Eric de Lorraine, frère de la reine de France, Charles de Guise, Henri de Gondy, futur cardinal de Retz, y ont étudié. Si, en 1589, il y eut un léger fléchissement (le nombre des escholiers tomba de 800 à 500), cette crise, due à la guerre et à la peste, ne fut pas longue. Dès 1590, le succès reparut et atteignit rapidement son apogée. Durant les trente premières années du XVIIe siècle, l'Université lorraine s'éleva au rang des plus illustres du monde entier. On peut dire sans exagération qu'à cette époque Pont-à-Mousson fut pour l'Europe civilisée ce qu'ont été plus tard Oxford, Cambridge ou Heidelberg. En 1608, il y avait plus de 1.600 étudiants, non compris les étudiants de droit et de médecine, qui étaient plus de 400.

Ce développement de l'Université de Pont-à-Mousson a eu sans doute pour cause indirecte d'abord les troubles qui régnaient en France, puis l'expulsion des Jésuites. Un historien prétend qu'en 1595 les écoles de Pont-à-Mousson furent plus célèbres même que celles de Paris, qui étaient presque fermées. Le Parlement de Paris s'émut de cet état de choses. Un arrêt de 1603 enjoignit aux étudiants français de Douai et de Pont-à-Mousson de rentrer en France pour y faire leurs études. Le nombre des élèves ne cessa cependant pas de croître. Il arriva même que des villes voisines établirent des collèges qui recueillirent le trop-plein des écoles de Pont-à-Mousson.

Toutefois, cette prospérité n'allait pas sans incidents et sans heurts. Des compétitions acharnées avaient éclaté entre professeurs à propos de l'attribution du rectorat. Il y eut aussi des querelles philologiques passionnées qui, en s'éternisant sur des questions où l'amour-propre personnel était en jeu bien plus que la grammaire, jetèrent quelque ridicule sur l'Université en pleine croissance. Grégoire prétendait que le nom latin de la ville devait être *Pontimussum*. Les Jésuites l'avaient bap-tisée *Mussipontum*. De son côté, le doyen de la Faculté de Médecine, Charles Le Pois, disait : *Pons ad Monticulum*. La question dut être portée devant le duc de Lorraine qui la trancha en donnant raison à Grégoire; mais, malgré cet arrêt, les Jésuites tinrent bon, et en fin de compte ils triomphèrent, puisque l'usage a prévalu de donner aux habi-tants le nom de *Mussipontains*. A ceux qui en ignoreraient l'origine, il sera sans doute agréable d'apprendre qu'ils le doivent aux Jésuites.

Entre temps, la Faculté de Droit avait dû subir des tribulations qui ne contribuaient pas à l'affermir. Plusieurs fois elle dut fuir Pont-à-Mousson à cause de la peste. Elle s'établit successivement à Etain, à Nancy, à Vic, avant de revenir se fixer enfin à Pont-à-Mousson.

Grégoire mourut en 1597. Il fut enseveli à l'église des Claristes.

La Faculté de Médecine avait eu, elle, des débuts assez obscurs, de 1592 à 1598. Mais à partir de cette date, sa réputation n'avait cessé de croître, égalant celle des autres facultés, grâce surtout à la renommée du célèbre professeur Charles Le Pois, qui y enseigna pendant quarante années.

⁎

Dans son ensemble, l'Université de Pont-à-Mousson, entre 1608 et 1635, était devenue un foyer intellectuel de tout premier ordre, connu de toute l'Europe civilisée, et où affluaient de toutes parts les étudiants avides de recevoir les enseignements des Grégoire, des Barclay, des Levréchon, des Le Pois, dans toutes les catégories de la connaissance.

Ces illustres professeurs étaient souvent des esprits beaucoup plus hardis qu'on pourrait le supposer. Guillaume Barclay était non seulement un juriste consommé, mais encore un écrivain de valeur, qui n'hésitait pas à aller jusqu'au bout d'une thèse juste, même si ses conclusions devaient être contraires aux dogmes sociaux les mieux établis. Dans un livre curieux sur le pouvoir des rois, paru en 1600, il déclare par exemple qu'en cas de conspiration du roi contre son propre royaume, ou de soumission à un prince étranger, le peuple a le droit de se révolter contre lui et de le déclarer déchu. Un autre de ses livres, traitant du pouvoir des papes, conclut à la séparation absolue du pouvoir spirituel et du pouvoir temporel. On le voit, certaines idées qu'on pouvait supposer propres à l'esprit révolutionnaire de la fin du XVIII° siècle, avaient été conçues depuis longtemps par les hommes cultivés d'esprit indépendant. Si Guillaume Barclay avait vécu vers 1793, nul doute qu'il eût été de la Convention et qu'il eût voté, au moins, la déchéance de Louis XVI.

Son fils, Jean Barclay, né à Pont-à-Mousson, fut surtout un littérateur et un philosophe. Nous avons cité de lui, à propos du paysage mussipontain, un passage de la satire d'Euphormion, où il laisse voir son admiration attendrie pour sa ville natale.

Notons encore le Père Jean Levréchon, fils d'un médecin du duc de Lorraine, qui enseigna avec éclat la philosophie et les mathématiques. Dans une de ses œuvres, qui n'avait cependant qu'un but purement récréatif, il indique le parti qu'on pourrait tirer de la force de la vapeur et des propriétés des aimants, montrant ainsi un pressentiment remarquable des découvertes qui devaient trouver leur application deux siècles plus tard. De même que les grandes idées qui déterminent le progrès social, les grandes inventions ne surgissent pas tout d'un coup; en cherchant bien, on découvrirait presque toujours qu'un grand nombre de penseurs y ont contribué, consciemment ou non, au cours des temps. Ce que nous venons de dire de Barclay et de Levréchon en est un exemple.

De Charles Le Pois, nous ne rappellerons que l'éloge qu'en fit l'illustre médecin hollandais Boerhaave, en recommandant une édition qu'il avait lui-même publiée de ses travaux : « Ces ouvrages, disait-il à ses élèves, vous apprendront tout ce qu'il y a de plus beau et de plus certain dans la médecine. » Ce fut aussi un esprit d'une indépendance remarquable, qui ne cédait même pas à l'autorité de son recteur, quand il se jugeait dans son droit.

Il ne faudrait pas s'étonner outre mesure de cette liberté d'esprit et d'allures chez les professeurs, à une époque où tout enseignement était essentiellement dogmatique. Si, en effet, la direction de l'Université appartenait aux Jésuites, les professeurs étaient souvent laïcs et toujours assez jaloux de leurs prérogatives pour résister, ouvertement parfois, à l'emprise de la Compagnie, leur libéralisme relatif faisant ainsi contre-poids à ses tendances despotiques. Les Jésuites, d'ailleurs, n'avaient pas encore avoué leurs ambitions, ni déployé les moyens d'universelle domination qui firent plus tard leur célébrité, en les faisant expulser de presque partout. Mais déjà ils excitaient la méfiance et une révolte contenue, contre leurs procédés enveloppants. On trouve en marge d'un registre de la Faculté de Droit de l'époque, cette inscription suggestive : *A cautela Jesuitarum libera nos, Domine !*

N'oublions pas, enfin, que nous sommes à la dernière période du magnifique effort accompli par l'esprit humain pour dissiper les fantasmes oppressants du Moyen-Age. Le mouvement d'émancipation n'est pas encore amorti. Le rire cinglant de Rabelais, mort depuis cinquante ans à peine, retentit encore aux oreilles des *frapparts, cagotz, cafars empantouflés,* impuissants à arrêter tout à fait l'essor de bon sens provoqué par le génial et sarcastique docteur, en qui chacun a senti une lumière de la pensée française. C'est comme un élan universel des esprits, sous l'impulsion de cette idée claire et simple : leur droit à la liberté. Elan qui pourra bien, il est vrai, sembler fini durant tout un siècle, ou tout au moins détourné de son but par le goût des fausses élégances et des fausses grandeurs, mais qui n'en reprendra pas moins un jour sa voie, et aboutira alors, dans une explosion irrésistible, aux conséquences nécessaires du réveil spirituel dont il était né. Du seizième siècle au dix-huitième, la filiation est directe.

Il serait trop long et sans intérêt d'entrer dans le détail des querelles et des incidents multiples auxquels donnait lieu, dans la ville, la turbulence parfois malfaisante des escholiers. Ces mœurs étaient celles de tous les centres universitaires. La population de Pont-à-Mousson ne protestait que faiblement contre les privilèges exorbitants attribués à l'Université (exemption d'impôts, même dans les temps de calamité publique, exceptions judiciaires, etc.), ainsi que contre les désagréments de toute sorte occasionnés par les étudiants, parce que ceux-ci étaient, tout compte fait, une source appréciable de revenus pour les habitants. La chronique rapporte même qu'à une certaine époque le commerce disparut presque complètement, les bourgeois ayant trouvé moyen de vivre facilement et sans travail, aux dépens des pensionnaires qu'ils logeaient.

****

La décadence de l'Université commence vers 1635. Décadence lente et insensible, dans laquelle elle connut encore de beaux succès, et sembla même parfois recouvrer son ancien éclat; mais décadence continue, comme celle d'une institution qui a fait son temps, qui est destinée à languir, puis à s'éteindre, sous la pression d'un déterminisme social inéluctable.

En 1753, la Faculté de Médecine fut enlevée à Pont-à-Mousson pour être annexée au Collège de Médecine de Nancy. Enfin, deux ans après la réunion de la Lorraine à la France, en vertu de l'arrêt qui expulsait les Jésuites du royaume, des lettres-patentes des 3 et 4 août 1768 ordonnèrent la translation de l'Université entière à Nancy. Les vastes établissements de Pont-à-Mousson furent transformés en un collège royal, placé sous la direction de prêtres réguliers. Ce collège n'eut qu'une durée éphémère. En 1776, une nouvelle transformation en fit l'Ecole royale militaire, qui eut un grand renom par la suite.

Il est peut-être superflu de dire que l'Université, entre les mains des Jésuites, n'était pas exclusivement destinée à l'enseignement désintéressé des sciences, des arts, et des belles-lettres. La Compagnie y recrutait aussi des sujets d'élite pour elle-même, et ainsi augmentait sa redoutable puissance. Mais il n'en reste pas moins que ce fut un brillant foyer de toutes les connaissances, dont Pont-à-Mousson a pu être légitimement fière. Nombre d'hommes distingués, de savants, de légistes, en sont sortis, dont l'histoire lorraine a retenu les noms.

****

Avant de quitter l'Université, et sans entrer dans des détails qui surchargeraient inutilement cette vue d'ensemble sur le passé de la ville, nous rappellerons en quelques mots les curieuses cérémonies qui entouraient la collation des grades universitaires. Le lecteur pourra imaginer par là dans quel esprit était donné autrefois le haut enseignement, et en déduire ce que pouvait être le caractère des hommes formés à cette école.

La Faculté des Arts et de Philosophie avait les trois grades de bachelier, de licencié et de maître ès arts. Le premier était obtenu dès la deuxième année de philosophie, en suite d'un examen, et conféré solennellement après que les récipiendaires avaient tous ensemble fait profession de foi catholique et promis d'observer les lois et coutumes de l'Université. Après quoi ils étaient félicités par le Recteur. Même cérémonial pour l'obtention du grade de licencié, sauf qu'ils devaient soutenir publiquement un examen sur toute la philosophie, et qu'après avoir écouté à genoux la proclamation de leur nouvelle dignité, le chancelier leur plaçait sur le bras *l'épomide* qui en était l'insigne, en déliant la ceinture qui retenait leur robe.

Pour la réception d'un maître ès arts, enfin, la solennité était plus grande encore. Le jour fixé pour cette fête, après la messe à laquelle assistaient les examinateurs et les dignitaires qui devaient rehausser la solennité de leur présence, tout le cortège se rendait en grande pompe dans la cour de l'Université. Tous portaient les insignes de leur dignité, et les licenciés futurs maîtres ès arts s'avançaient portant sur le bras l'épomide et laissant flotter leur longue robe. Les formalités préliminaires du baccalauréat et de la licence se répétaient. Puis, après la formule solennelle qui conférait aux licenciés leur nouveau grade, ceux-ci se levaient et s'avançaient vers le chancelier.

« — Je vais vous revêtir, disait celui-ci, des insignes de votre dignité de Maître ès Arts ! » Et leur présentant un livre fermé : « Voici le livre de la science philosophique; il est fermé pour qu'il ne vous échappe pas que sa mystérieuse doctrine ne doit pas être révélée aux profanes, mais aux seuls initiés, et que ceux qui sont inscrits et reconnus philosophes doivent avoir telle science philosophique, que sans livre ils puissent instruire les autres. Puis, ouvrant le livre : « Le voici maintenant ouvert, pour que vous sachiez bien qu'il vous est libre d'enseigner publiquement les arts libéraux et la philosophie. » Il leur donnait ensuite un anneau en disant : « Recevez cet anneau et rappelez-vous que vous venez de contracter avec la philosophie de saintes fiançailles. » Enfin, saisissant l'épomide : « Revêtez l'épomide et que cet ornement rappelle à chacun de vous la gravité, la constance, la modération et toutes les vertus qui maintenant doivent briller en vous. Cet ornement remplace le manteau que portaient les anciens. *Mais souvenez-vous qu'il s'est rencontré des hommes qui n'avaient du philosophe que la barbe et le manteau. Il est mieux pour un vrai sage de relever par sa vie l'éclat de ses insignes que de tirer d'eux tout son mérite et tout son prix.* C'est pourquoi montrez-vous philosophes par la science et les mœurs et non par l'extérieur seulement. » En leur donnant le bonnet de docteur, le chancelier ajoutait : « Prenez cet insigne pour que tout le monde sache que vous êtes enfin affranchis de la longue servitude de la vie d'étudiant et que le jour de la liberté si longtemps désiré et dont cet insigne est l'emblème vient enfin d'arriver. » Et leur ouvrant les bras : « Que cette étreinte, signe de paix mutuelle et de concorde, vous soit un avertissement de placer toujours le zèle et l'étude au premier rang de vos préoccupations. Maintenant je vous salue, nouveaux philosophes. »

La cérémonie s'achevait par une prise de possession de la chaire où les nouveaux maîtres venaient tour à tour expliquer quelque passage d'Aristote, et par des fêtes où ils occupaient la place d'honneur, revêtus de leurs insignes.

Il y a, on le voit, dans ces cérémonies universitaires du XVII⁰ siècle, un symbolisme qui n'est pas sans beauté, et qui devait faire une vive impression sur les nouveaux dignitaires. Dans la gradation des solennités, des insignes, et des paroles rituelles, comme dans leur signification abstraite, on remarquera aussi, sans doute, une similitude singulière avec le cérémonial et l'esprit des initiations philosophiques de tous les temps.

Nous pensons qu'il n'était pas inutile de tirer de l'oubli ces vieilles mœurs de l'Alma Mater. Et, du reste, à combien d'hommes de nos jours ne pourrait-on proposer, comme sujet de méditation, les phrases que nous avons soulignées ci-dessus?...

*
* *

L'Ecole Royale militaire eut une courte, mais très brillante carrière, de 1776 à 1795. Elle fut supprimée par le décret du

7 Ventôse, An III (25 février 1795), qui ordonnait la création d'une école centrale par région de 300.000 habitants.

Il eût été juste que Pont-à-Mousson fût choisie comme chef-lieu d'enseignement, en raison de sa longue gloire universitaire. Mais déjà Nancy tendait à devenir le centre de toute l'organisation régionale, et, par suite, le lieu indiqué de tous les établissements importants. Malgré ses pétitions réitérées, malgré le zèle déployé d'autre part par la Municipalité pour organiser l'enseignement primaire (il existe un intéressant règlement municipal, arrêté en 1793, qui consacre formellement — déjà — la gratuité et la laïcité de cet enseignement), elle ne put obtenir satisfaction. Ce que voyant, elle prit l'initiative de fonder par souscriptions et subventions, une Ecole secondaire qui fut ouverte le 15 Brumaire, An VIII, et qui devint par la suite le Collège municipal : modeste héritier des souvenirs de gloire d'une Université naguère célèbre. *Sic transit !*...

LES MUSSIPONTAINS ILLUSTRES

Pont-à-Mousson ne nous pardonnerait pas dè clore ce résumé de son histoire sans avoir évoqué le souvenir de ceux de ses enfants qui lui font honneur. En toute première ligne, il faut citer les noms du général Fabvier et du maréchal Duroc, dont le premier surtout s'impose à notre admiration comme un des plus beaux exemples de hauteur de caractère que l'Histoire nous ait transmis.

Charles-Nicolas Fabvier, né en 1782 à Pont-à-Mousson, dans une maison de la rue qui porte aujourd'hui son nom, était entré à l'Ecole

Polytechnique après de brillantes études au collège municipal. Dès 1804, jeune sous-lieutenant d'artillerie, il montre son indépendance d'esprit et son attachement à la liberté révolutionnaire, en votant ouvertement contre le Premier Consul Bonaparte, qui voulait devenir empereur. Cet acte n'était pas pour favoriser sa carrière dans l'armée. Attaché d'ambassade à Constantinople, puis en Perse, il revient en 1809, pour servir dans l'armée polonaise. Sa valeur, et la protection de son aîné, le maréchal Duroc, Mussipontain comme lui, le font alors nommer capitaine dans la Garde impériale.

Aide de camp du maréchal Marmont, en Espagne, il traverse toute l'Europe pour aller en Russie rendre compte à l'empereur de la situation de l'armée. Il est mal reçu; mais il se distingue de telle sorte à la terrible journée de la Moskowa, qu'il est créé sur-le-champ colonel, baron et chef d'état-major du 6ᵉ corps. C'est en cette qualité qu'il fait la campagne de Saxe et la campagne de France (1813-1814). Après la chute de Paris, révolté par la lâcheté des émigrés et la prostitution générale des consciences, il se retire dignement à l'écart.

Pendant les Cent-Jours, il défend farouchement la place de Montmédy, qu'il refuse de rendre, même après Waterloo. Il ne cède qu'à un ordre formel du Gouvernement de Louis XVIII, et de nouveau rentre dans sa retraite, ne voulant à aucun prix servir la monarchie bourbonnienne, honteusement restaurée en France par l'ennemi. C'est alors la Terreur blanche, l'ignoble, féroce, et hideuse persécution contre les anciens de l'Empire et de la Révolution. Fabvier conspire, il est condamné, destitué, traqué. Dès 1822, le séjour en France lui est devenu impossible. Et alors, que fait-il? La Grèce révoltée contre l'oppresseur turc crie à l'aide. Il y court, il combat vaillamment avec les héros grecs à Navarin et à Nauplie. Il organise un corps de volontaires avec lequel, enfermé dans l'Acropole, il se défend héroïquement, et enfin sauve Athènes. La Grèce entière l'acclame comme un libérateur.

Rentré en France, il prend une part active à la Révolution de 1830, puis il accepte de reprendre du service en qualité de commandant de la Place de Paris. On le retrouve pair de France en 1845, ambassadeur en 1848. L'année suivante, étant en mission au Danemark, il signale à l'opinion française les convoitises prussiennes sur les duchés de Sleswig et de Holstein, prévoyant déjà, par une remarquable prescience de l'avenir, les conséquences possibles d'une mainmise sur ces territoires, d'où pourrait s'ensuivre une menace ultérieure sur l'Alsace et la Lorraine.

Comme membre de l'Assemblée législative, en 1848, le général Fabvier fut moins clairvoyant, au moins sur un point. Il crut pouvoir mettre sa confiance dans la loyauté de Louis-Napoléon Bonaparte. Le crime de 1851 lui fut une amère désillusion, qui hâta sa fin. Il s'éteignit à Paris, en 1855.

Telle est, sommairement racontée, la vie de cet homme de cœur, de ce défenseur de la liberté et du droit. C'est une noble et haute figure, dont la France entière peut s'enorgueillir. Or, à sa mort, l'abaissement moral était tel que nul n'osa rappeler les vertus de cet ancien représentant du peuple, dont toute la vie avait été une lutte incessante contre l'oppression. On fit un lâche silence sur sa tombe. En revanche, la Grèce tout entière prit spontanément le deuil du héros qui avait tant fait pour sa libération : touchant hommage, à la fois, d'un peuple fier et reconnaissant, et cinglante leçon aux peuples avilis qui se sont laissé tomber sous la botte d'un maître de hasard !...

Pourquoi Fabvier n'a-t-il pas une statue à Pont-à-Mousson? Y eut-il jamais un cas où le bronze ait trouvé plus noble emploi?...

Michel Duroc, né également à Pont-à-Mousson, dix ans avant Fabvier, avait fait ses études à l'Ecole royale militaire. Etroitement lié avec Bonaparte depuis Toulon, il le suivit dans toute sa fortune, soit comme diplomate, soit comme général. C'est lui qui commandait la Garde impériale à Austerlitz. Maréchal de France, duc de Frioul, comblé d'honneurs et de dignités, il fut jusqu'à la fin l'ami et le conseiller intime de Napoléon. Tué, le 22 mai 1813, à la bataille de Bautzen; son corps fut ramené en France et enseveli aux Invalides.

On sait que son cœur a été déposé dans une chapelle funéraire au milieu du cimetière de Pont-à-Mousson.

Le comte de Serre, dont le nom est resté comme celui d'un magistrat de grande valeur, puis d'un homme politique qui honora le régime constitutionnel au temps de la première Restauration, a été également un des brillants élèves de l'Ecole royale militaire, vers 1790. Né à Pagny-sur-Moselle en 1776, mourut en 1824, ambassadeur à Naples.

Les annales du vieux collège de Pont-à-Mousson ont aussi conservé le nom d'un des plus éminents professeurs de l'Ecole militaire, le P. Laillet, qu'il serait injuste d'oublier. C'est à lui que nombre d'élèves durent leur première éducation scientifique, le maréchal Duroc, les généraux Fririon et Salle, et bien d'autres qui devinrent par la suite des hommes de valeur et d'utiles citoyens. L'Université lui avait décerné, peu avant sa retraite, le titre de docteur ès sciences. Mort en 1844, à l'âge de 87 ans, la vie de ce modeste savant a été, dans toute l'acception du terme, celle d'un homme de bien.

CONCLUSION

Le moment est venu de conclure.

Nous ne saurions évidemment prétendre, dans les quelques pages de cet aperçu, avoir donné une monographie et une histoire complète de la cité mussipontaine. Ce n'était point notre but. Aussi avons-nous laissé dans l'ombre quantité de détails, pourtant intéressants par eux-mêmes, mais sans rapport avec la donnée de cet ouvrage.

Cependant, en nous efforçant, avec toute la concision possible, de dépeindre la physionomie de la ville, puis de noter les étapes principales de son évolution dans le temps, nous espérons avoir réussi à donner au lecteur une vision suffisamment exacte du milieu où se déroulent les événements qui vont être racontés. Nous pouvons maintenant lui dire : Voilà ce qu'est en réalité ce coin du pays lorrain, cette ville, ce peuple; voilà quels sont ses souvenirs et ses gloires.

Et nous pouvons affirmer, aussi, que le présent n'est pas indigne du passé. En parcourant ce livre, nul doute qu'on sente s'accentuer l'impression éprouvée à lire l'histoire à grands traits qui précède, et qu'on comprenne mieux encore la continuité de l'âme lorraine à travers le temps et les épreuves, sa fidélité séculaire aux idées de Droit et de Liberté. On y verra revivre les antiques vertus populaires, que d'aucuns prétendaient perdues : impassibilité devant la menace, sang-froid et ténacité dans la résistance aux entreprises brutales, stoïcisme dans le malheur, et, quoi qu'il arrive, foi imperturbable en l'Avenir.

En présence de telles manifestations de force morale, comment s'arrêter aux médiocres plaisanteries d'usage, sur le provincialisme mussipontain? Négligeons ces pauvretés et inclinons-nous, avec le grave respect qui convient, devant ce que nous avons découvert ici de vraie beauté humaine...

Dans cette ville qu'il connaît maintenant — du moins nous l'espérons, — le lecteur pourra mieux suivre avec l'auteur de ce récit, en les situant dans leur cadre et leur donnant leur exact relief, les péripéties locales de la guerre. Sans doute, n'est-ce là qu'un épisode infime dans le plus démesuré des cataclysmes humains; et il y aurait quelque puérilité à prétendre, par un tel détail, donner un aperçu de l'ensemble. La goutte d'eau ne représente pas l'océan. Mais il n'est peut-être pas excessif de penser que cette histoire au jour le jour, d'une petite ville frontière obstinée à vivre, durant de longs mois, sous le feu ennemi, vaudra (et c'est, croyons-nous, sa seule ambition) comme un témoignage suggestif entre mille autres, de l'inflexible volonté d'un grand Peuple, porteur d'Idéal, qui entend rester maître de sa destinée.

H. Thiriet.

Mai 1915.

Première Partie

—

Du début de la Guerre
(31 Juillet 1914)

Jusqu'à l'Occupation Allemande
(5 Septembre 1914)

———

Du début de la Guerre
(31 Juillet 1914)

Jusqu'à l'Occupation Allemande
(5 Septembre 1914)

EPUIS une dizaine de jours, des bruits de guerre circulaient avec insistance; mais comme ceci se reproduisait périodiquement, on n'y prêta d'abord qu'une médiocre attention. Cependant on ne tarda pas à avoir l'impression que cette fois c'était sérieux, très sérieux même, car le conflit qui existait entre l'Autriche et la Serbie s'élargissait avec une rapidité inouïe et prenait des proportions d'une gravité tout à fait exceptionnelle. C'est ainsi que l'on apprenait coup sur coup :

Que l'Allemagne armait (25 juillet).

Que la Russie mobilisait trois corps d'armée (26 juillet).

Que le Président de la République interrompait brusquement le voyage qu'il faisait en Norvège pour rentrer à Paris (27 juillet).

Que l'Autriche déclarait la guerre à la Serbie (28 juillet).

Que la Russie mobilisait quatorze corps d'armée (29 juillet).

Et que l'état de guerre était décrété en Allemagne...

Certes — sauf pour l'Autriche et la Serbie — ça n'était pas encore la guerre. Russie et Allemagne se regardaient en face, faisant sonner leur épée dans le fourreau, s'efforçant de se prouver réciproquement qu'elles ne se craignaient pas, mais tout pouvait encore s'arranger, car il était bien évident que personne au monde ne serait assez criminel pour déchaîner un pareil conflit ! Néanmoins, la situation était excessivement tendue le vendredi 31 juillet 1914, date où commence ce journal; et les habitants de Pont-à-Mousson se demandaient avec inquiétude s'ils n'allaient pas, d'un moment à l'autre, apprendre la déclaration de guerre entre l'Allemagne et la France, tout simplement par l'arrivée des troupes ennemies dans leur cité.

VENDREDI 31 JUILLET 1914

On savait que depuis quelques jours la route de Cheminot était barrée par les Allemands au moyen de grosses cordes, et on apprenait que dans l'après-midi même, la voie ferrée venait d'être coupée par les employés de la gare de Novéant, à proximité de la frontière, en réciprocité de quoi les employés français l'avaient également fait sauter à quelques centaines de mètres en deçà de cette même frontière.

Vous pensez si les commentaires allaient leur train, si les fausses nouvelles s'en donnaient à cœur joie, si la population était fébrile !

En présence de ces symptômes alarmants, la Municipalité de Pont-à-Mousson crut devoir prendre quelques précautions.

Elle fit d'abord placarder l'affiche suivante :

VILLE DE PONT-A-MOUSSON

—

Mes chers Concitoyens,

Le Gouvernement de la République est aux prises avec des difficultés extérieures considérables.

Notre région est particulièrement intéressée dans cette grave question.

Si nous devons suivre avec une profonde émotion les événements qui se déroulent, nous devons éviter tout affolement.

Aussi, je mets en garde le public contre les fausses nouvelles qui, de bonne foi, peuvent être lancées, et engage chacun à ne tenir compte que des communications ayant un caractère officiel.

La Municipalité compte également sur l'ardent patriotisme de notre vaillante population pour rester calme, ce qui est un indice de force ; elle est persuadée qu'aucun commerçant n'abusera de la situation, en vendant les denrées à un prix supérieur à celui de leur cours, ni spéculera sur la valeur de la monnaie, car si par hasard d'aussi regrettables agissements venaient à se produire, ils seraient immédiatement réprimés avec la plus grande énergie.

Ouvriers, restez au travail.

Du calme, de la dignité, mes chers Concitoyens, et Vive notre France !

Pont-à-Mousson, le 31 juillet 1914.　　　　　　　*Le Maire,*
　　　　　　　　　　　　　　　　　　　　Ch. GAUTHEROT.

Puis, pour parer à l'éventualité d'une mobilisation générale qui priverait la Ville d'une forte partie de ses édiles, la Municipalité se préoccupa de confier, le cas échéant, le soin de gérer les intérêts de la cité à un *Conseil des Notables* (¹), c'est-à-dire à une assemblée composée de ceux des conseillers municipaux qui ne seraient pas pris par la Mobilisation, et d'un certain nombre de personnalités choisies parmi toutes les classes de la société, sans se préoccuper de leurs opinions politiques.

C'est ainsi que vingt-trois personnes reçurent, dans le courant de la journée, la lettre que voici :

———————

(¹) Voir l'Appendice.

MAIRIE
DE
PONT-A-MOUSSON
—

Pont-à-Mousson, le 31 Juillet 1914

Monsieur,

« En raison des circonstantances actuelles, la Municipa-
« lité a eu la pensée d'instituer une Commission dite
« Conseil des Notables », et vous a choisi pour en faire
« partie.

« Votre esprit de patriotisme bien connu me laisse
« espérer que vous voudrez bien accepter cette mission et,
« à cet effet, je vous serais reconnaissant de vouloir bien
« vous transporter à l'Hôtel de Ville dès la publication
« de l'ordre de mobilisation.

« Veuillez agréer, Monsieur, l'assurance de mes meil-
« leurs sentiments.

« Le Maire de la Ville de Pont-à-Mousson,
« Ch. GAUTHEROT. »

Toute la journée, les banques et la Caisse d'épargne furent assié-
gées par une foule de personnes qui réclamaient le remboursement des
sommes par elles déposées, et l'on constatait que l'or avait déjà presque
complètement disparu de la circulation.

Beaucoup firent de rapides préparatifs de départ et se précipitèrent
à la gare dans la soirée. Mais quel spectacle et quelle déception les y
attendaient ! Le dernier train de voyageurs était passé à 18 heures et
demie, et depuis son départ la gare avait été complètement abandonnée.
On eût dit qu'une catastrophe soudaine en avait brusquement chassé les
occupants habituels. Toutes les portes étaient ouvertes et il n'y avait plus
un seul employé ni agent pour donner un renseignement quelconque. La
foule cherchait, criait, gesticulait, se bousculait, allant et venant partout dans une cohue indescriptible. Le spectacle désordonné que cette
gare offrait ainsi était navrant au possible et bien fait pour déchaîner la
panique, car on se serait déjà cru en pleine débâcle.

Vers 21 heures 10 eut seulement lieu le départ des employés (où
étaient-ils donc avant ?), que l'on entassa dans des wagons à marchan-

9 782019 956226